知的くすぐり 感冴えて

大竹稽 編著

伊藤東凌 服部雅昭 松本隆行 多田曹渓 平塚景山

大森良純 松原行樹 戸田惺山 梶浦邦康

晃洋書房

はじめに　感性教育の手本は禅にあり

私、モヤモヤしています。文部科学省のホームページには「教育内容等の改善の方向」というページがあり、そこには「人間力の向上を図る教育内容の改善」という項目があります。その一部に、こんなことが記されているのです。

「言葉は、思考力や感受性を支え、知的活動、感性・情緒、コミュニケーション能力の基盤となる」

「そうですよね！」とすぐに納得できる人、いますか？

今現在、国語の時間で教わることは、文法や語彙力や読解力ですよね。学校の先生たちに、言葉を教えることで「感性・情緒」「感受性」を高める授業をしなさい、なんてお達しがきてしまったら、国語の授業はどうなってしまうのでしょう。さらに、言葉がコミュニケーションや情緒の教育にとって邪魔になってしまうことも、ありますよね？　どうやらお上の目は、現場にはまったく触れていないようです。

ところで、「感性の豊かな人」といえば、君はだれを思い浮かべますか？　その人はどんな仕事をしているでしょう？　感性が求められる仕事の筆頭に、芸術家が挙げられるでしょう。このジャンルで私が思い浮かべたのが、画家のヨハネス・フェルメールと、作曲家のクロード・ドビュッシーです。続いて科学者も上位に来そうですね。こちらで私が思い浮かべたのが、リチャード・ファインマンでした。

では、現代のビジネスマンではどうでしょう？　思い浮かべている人物は数名いるのですが、存命ですし、まだまだ活躍が期待されるので、あえて名を挙げないようにしておきましょう。

これからは芸術・科学だけではなく、第一次産業や士業にも感性が要請されるようになってきます。その最大の理由が「ＡＩの登場」です。

ＡＩは計算や処理において、人間を圧倒するでしょう。しかし、ＡＩには感性はありません。感性がある人間は創造しますが、ＡＩは製造に止まります。そんなＡＩはコピーすることしかできず、オリジナルにはけっしてなれません。

つまり感性は、ある仕事が人間によるものかＡＩによるものかを峻別する大事な基準になってくるのです。

ということで、文科省が「感性・情緒」を重視するのはよくわかるのです。わかるのですが、やはりモヤモヤする……。

はい、一周してスタート地点に戻りました。しかし、一周しただけあって私の心持ちも変わっています。私にも娘がいます。現場の先生たちには、上からの理不尽なプレッシャーに負けず、楽しく仕事をしてもらいたい。そうでないと子どもたちが悲しみます。ぞんぶんに感性教育に励んでもらいましょう！　もちろん、先生たちだけではなく、親自身も率先して感性の教育に関わらなければなりません。私のこんな身勝手な思いやりが、本書誕生のきっかけになりました。

感性教育の大切さには、だれもが気づいているでしょう。しかし「ではどうすれば？」の地点で手も足も頭も出なくなっているのではないでしょうか。そんな大人たちに向けて本書は作られました。本書を使って子どもたちと対話をしてみてください。学校や家庭での子どもとの対話を想定しているため、私たちに馴染み深い日本昔話を題材にしています。

ところで、本書の著者は全員、ご覧の通り臨済宗の禅僧たちです。「なぜ、芸術家や科学者ではなく禅僧なのですか？」と聞かれると思うので、あらかじめ答えておきましょう。

禅は日本文化の骨格であり、禅の教えの中にこそ感性教育のビーコンがあるのです。茶道に花道、そして絵画に詩歌。日本には多様な文化があります。文化はそれぞれの専門家たちによって表現され継承され、そしてどの文化にも名人・達人がいます。剣術の達人といえば勝海舟。茶道の千利休。俳諧の松尾芭蕉。彼らは全員、禅に深く関わりながら死地を切り抜け、あるいは絶妙な創造をし続けました。そんな彼らの感性に、だれもが惚れ惚れするでしょう。もちろん、この三人だけではありません。日本文化の中で達人といわれる人たちの仕事と人生からは、見事な感性と、禅との関わりが認められるのです。
そんな確信があればこそ、「話を聞きたい！」と高名な9名の和尚さんたちのところへ押しかけてしまったのです。こうして出来上がった本書ですが、さすが禅僧たち。各テーマを解きほぐすべく、言葉を過信せず丁寧に言葉を尽くしてくれました。前から順に読んでもよいでしょう。散策する気分でテーマに出会っていくのもよいでしょう。いずれにせよ、慌てることなくゆったりとおつき合いくださいね。

さて、厚かましくも編者の立場で「はじめに」に出張ってしまいましたが、厚かましさついでにもう一つ。私の身体と時間の限界がある中で9名の禅僧に登壇を願いましたが、もちろん、卓越した禅僧はまだたくさんいらっしゃいます。感性に関わるテーマもまだまだたくさん残っています。本書を楽しまれましたら、第二弾への期待の声援もぜひお聞かせくださいね。
それでは、ボン・ボワイヤージュ！

大竹　稽

目次

第1章

「美しさ」について
〜『花咲かじいさん』を使って〜

臨済宗建仁寺派　京都市両足院
伊藤東凌和尚

「うらのはたけでポチがなく。しょうじきじいさんほったれば」、ご存知、花咲かじいさん。彼と対をなすのが意地悪じいさん。野良犬をシロ（ポチ）と名づけ可愛がっていたある日、花咲かじいさんはシロに誘われ裏山に。「ココ掘れワンワン！」。小判の山だ！　話を聞いた意地悪じいさん、無理やりシロを連れていった。でも出てきたのは小判じゃない！　彼はシロを殺した。花咲かじいさんは墓を建て、側に木を植える。大きくなったこの木を使って臼を作り、餅をつくと、餅が小判に！　またもや意地悪じいさん、同じようにすれども餅は炭に。彼は臼を燃やした。花咲かじいさんはこの灰を畑にまく。すると風に乗って枯れ桜にかかり、満開の花が！　噂を聞いた殿様は花咲かじいさんを城に呼ぶ。見事桜を咲かせたじいさんに、「褒美をやろう」。そこへまたもやってきた。「自分こそ」と灰をまくが、案の定、大失敗。さて意地悪じいさんの末路は？

1 現代の「美しさ」事情

「君にとって美しさとは?」

おそらく、即答できる人は少ないと思います。私たちは「美しさ」などの抽象概念を気軽に使って会話をしますが、いざ「それはなに?」と問われるとなかなか答えづらいのではないでしょうか。そこでまずは、具体的なところに注目してみましょう。

「美男美女」なんて言葉がありますが、「君にとって美人とはだれでしょう?」。世界三大美女といわれる女性たちがいますね。日本では、クレオパトラ、楊貴妃、小野小町。ハンサム、イケメンも美男の別名称。君にも推しの男性芸能人がいるかもしれません。

日本には様々な絶景があります。例えば、北海道は美瑛にあります白金青い池。あるいは、京都の天橋立、宮城の松島、広島の宮島の日本三景もありますね。これらは、その「美しさ」が絶景という呼び名に不可欠な根拠となっているでしょう。

さて、「美しさ」の具体例をいろいろと思い出してみましたが、ここでもう一度、君に質問します。

「それらはなぜ、美しいのでしょう?」

この「なぜ?」がまた、難しい。そして私がここで挑む問いも、まさにこれなのです。ですから難問とがっぷり四つになる前に、今一度、「美しさ」に関する周辺から考察してみましょう。

「美しさ」の類義語は、なんでしょう?「きれい」「うるわしい」「かわいい」「かっこいい」などが挙げられるでしょうか。

私がここで注目するのは「きれい」です。

「あの人、美しい」は相当にハードルが上がってしまい、高尚なニュアンスがでてしまいますが「あの人、きれいね」は日常的な感じがしますね。「美しい場所」となると、日常を離れた風光明媚な景色を思い浮かべますが、「きれいな場所」は、私たちの日常にもあります。掃除が行き届いているところや、丁寧に手入れされている庭などは、「きれい」という形容にふさわしいでしょう。

そして、「きれい」は「美しさ」を知る最適な手がかりにもなるのです。

「きれい」とは、「淀んでいないこと。流れていること」なのです。乱雑に物が溢れている部屋は、空気が淀んでいます。ホコリが溜まってしまっているのは、空気が流れていない証拠です。掃除をすると「きれい」になるのは、空気が流れるからなのです。ですから、自ずと、きれいな部屋は、物が少なくなるでしょう。雑草が伸び放題の庭もまた、空気が淀んでしまいます。必然的に、「きれいな庭」は日々、丁寧な手入れがされているはずです。

べっぴんさんやハンサムは確かに魅力の一つになりますが、それがそのまま「きれいな人」になるわけではありません。老いてなおきれいな人はいますし、色男でなくてもきれいな男性はたくさんいます。そして、部屋にとって掃除が欠かせないように、きれいな人も日々、しっかりお手入れをしているはずです。必然的に、彼らには清らかな感じも伴うでしょう。

このように、「きれい」は「淀みがなく流れを感じられること」と定義できます。つまり、「きれい」の対義語は「淀み」になるのです。

物も固定すると「淀み」になります。据えつけたテレビやタンスの裏側は好例でしょう。人間関係も固定すると「淀み」になります。それを「マンネリ化」なんて言ったりしますよね。つまり新鮮さを失ってしまうことなのです。夫婦も親子も、決して固定されたものではありません。「夫婦」「親子」「恋人」など、名称としては変わらなくても、関係は日々変わっているはずです。その変化に君は気づいていますか？

② 無常や老いも美しい

「淀み」を手がかりに、さらに先に進んでいきましょう。

人間にせよ家や街にせよ、組織にせよ、ある一つの状態のまま「変わらない」ものは「淀んでいる」といえるでしょう。そのような状態に歯がゆい思いをした人も多いのではないでしょうか？

そして「美しさ」にとって最も忌むべき「固定」が、考えの固定です。固定観念や偏見とか先入観、あるいはドクサなどとも言い換えられますね。

仏教には「無常」という言葉があります。「永遠不変に対する言葉。この世の存在は全て、生滅を繰り返すものである」を意味します。死は「無常」の極致です。さて、この「無常」に対して、君はどのようなイメージを持つでしょうか？　はかなさを感じたり、悲しくなったりするでしょう。将来に失望することもあるかもしれません。

しかし、この「無常」こそ美しいのです。なぜなら、「無常」だからこそこの世界は淀まず流れ続けられるからです。もし「無常」でなくなってしまったら、はたしてこの世界はどうなってしまうでしょうかね。

ところで、先に「美人」や「絶景」などを例にして「美しいもの」を考えてみました。もしかしたら、このような「美しいもの」を完全であり、不変であると考えている人もいるかもしれません。一般的な「美しさ」につきまとう大きな誤解が、「完全・正解・固定」です。

しかし、これもまた私たち人間の本質なのです。私たちの脳は、社会生活を営むために、共通性や同一性を要求してきます。その最たるものが、「情報」です。情報なるものがいちいち変化していたら、情報としての価値がなくなってしまうでしょう。しかし、いっときは「正しい答え」として重宝された情報が、使い古され淀んでしまうとどうなるか、私たち現代人はよくわかっているのではないでしょうか。

そして「美しさ」は、このような「完全・正解・固定」の枠組みを揺らがせるのです。そのような揺らぎの瞬間を、私たちは「感動」体験と呼んでいます。

桜は美しいです。しかし、なぜ桜が美しいのかといえば、散るからこそ美しいのです。そして、桜の開花時期は一年のうちごくわずかでしかありません。むしろ、桜にとっては咲かないほうが長い。

そして、このようながまんの時期があるからこそ、また桜は美しいのです。花は散り、枯れるからこそ美しいのです。もし桜が一年中咲いていたら、美しくなくなるでしょう。

私たちが感動するとき、必ずそこに自己を照らし合わせています。つまり、感動とは常に相互的なものなのです。桜の花が散る。そして自分も散る。花が開かずともじっとその時期を待つ桜。同じように、自分もがまんしている。だから私たちは感動するのです。

夕焼けが美しいのは自分を投影するから。辛いときこそ、夕焼けはひときわ美しく感じるでしょう。日の出が美しいのも自分を投影するから。だから山頂での日の出は美しいのです。山頂まで自分の足で登っているから、美しいのです。

感動体験は、与えてもらうものではありません。常に私との関係性の中で成り立つものなのです。「美しさ」には二つの本質があります。それは相互性と無常・変化です。しかし、慌ただしく時間に追われる現代人は、この本質をうっかり見落としてしまいがちです。本来、老い滅びも美しいのですが、永遠の若さを「美しさ」と勘違いしてしまいます。「いつまでも美しくいられる」という宣伝文句に踊らされてしまいます。むしろ、「これで永遠に美しい」という状態になったら、君は淀んでしまい、美しくなってしまうでしょう。

ところで、今朝、君は朝明けを見ましたか？　朝起きて、窓を開けて、外の空気を全身で感じましたか？　君は「同じ朝は二度とない」ことを実感していますか？

「朝明け」という言葉自体は変わりません。しかしその様子は毎日変わります。空の色合い、鳥や風の音色、草花の匂いなどによって、毎回変わってきます。同じように、夕日も毎日変わります。その変化を、古来より私たち日本人は敏く感じ取ってきました。二十四節気七十二候という言葉を知っていますか？ 二十四節気としては「立春」「啓蟄」「春分」などが有名ですね。その節気をさらに初候、次候、末候と三分割したものが七十二候ですが、いまやこちらを日常的に使用する人はごくごくまれではないでしょうか。「気候」は二十四節気七十二候を約めたものなのです。これこそ日本人の「美しさ」への感性を証明しています。

もし、毎日、同じ朝明けしか感じられなくなっていたら、それだけ自身の感度が鈍くなってしまっているのです。本来の感性を発揮できれば、毎朝、朝明けで感動することができるはずです。「毎朝、絶好調でポジティブでいろ」というわけではありません。苦しいとき悲しいときこそ、朝明けに「なんと美しいのか！」と感動できるでしょう。

「美しさ」は感動をもたらすのであり、そして「美しさ」の体験は常にインタラクティブなのです。大きな感動を目的とする刺激的で派手な興行は、しばしば一方向になりがちです。あらかじめ設計された人工的な感動だけではなく、朝明けに心身を向かわせてみませんか？ 欠けていても老いていても形が崩れていても、私たちは美しくいられるのです。

❸『花咲かじいさん』の「美しさ」〜善悪を超える〜

さて、ここからは花咲かじいさんに注目しながら「美しさ」について解きほぐしていきましょう。「なぜ美しいか?」のポイントは、やはり「淀んでいるかいないか?」になります。

「もし自分だったら」、とおじいさんの立場に身を置き換えながら読んでいきましょう。するとまず、多くの読み手が疑問に思うことがあります。

おじいさんは、大切にしていた犬のシロを、いじわるじいさんに殺されてしまいます。その事件に対して、おじいさんはただただ悲しんでいます。「シロをどうしたら安らかにできるか?」と考え、お墓の横に木を植えました。穴から小判どころかお化けや妖怪たちが出てきてしまったとき、いじわるじいさんは「よくもひどいことをしてくれたな!」とシロを殴り殺してしまった。しかし、「よくもひどいことを!」といいたいのは、花咲かじいさんのほうじゃないですか。でもこのおじいさんは、いじわるじいさんを恨み、「復讐してやろう!」とは考えず、シロの死を受け入れ、その死を悼みます。

恨みの感情は「淀み」です。しかしこの恨みの感情は、だれにでも起こりうるものですし、しばしば共感すら引き起こします。しかし恨みを暴走させることは、悲劇の連鎖の始まりになる。だから

「がまんしなければならない」と恨みを制御しようとするのですが、こうなると恨みは溜まるばかりです。こうして、恨みから解放されたいと願うときが来るでしょう。そしてこの願いも、だれもが共有できるでしょう。

ところが、花咲かじいさんはいじわるじいさんを恨みません。だから、がまんもしていません。「許してやろう」と考えることもないままに、いじわるじいさんを許しています。このあり方はとても美しい。「どうしても許せない」という気持ちが生まれてしまう私たちだからこそ、おじいさんに自分を投影し、彼の許す姿に感動するのです。そして感動は連鎖していきます。

ところで、花咲かじいさんに「なぜ君は恨まなかったのですか？」と質問してみたら、きっとキョトンとしてしまうでしょうね。彼の人生には「恨み」という言葉がないのですから。

読み手は、「花咲かじいさんは善い人でいじわるじいさんは悪い人」というお定まりのフレームでこの物語を読み進めると思います。では、花咲かじいさんに「どうしてそんなに善い人なんですか？」と聞いてみましょうか。するとまたもや、彼は困惑してしまうでしょう。このおじいさんは自分が「善い人である」ことを意識していないはずです。いっぽうのいじわるじいさんは、どうでしょうね。自分が悪いことをしていると自覚しているでしょうか？　自覚しているとしたらそれはなぜでしょう？　花咲かじいさんには「善悪」という紋切り型がありません。だから「善いことだから行う」という判断もしません。「これが善でこれが悪」と分断することは、淀みになります。

人生の中で、歯がゆい思いをすることや、腹が立つこともあるでしょう。ご縁とは自分にとって利になるものばかりではありません。足を引っ張られたりいじめられたりするのも、ご縁の一つです。私たち人間は、どうしても自分にとって得になること、良い結果をもたらすことだけ欲してしまいますが、花咲かじいさんは、そんな「良し悪し」に執着せず、あらゆることをご縁として受け入れています。

『花咲かじいさん』の読解のコツがあります。それは、「善悪」の物語として終結させないことです。「善悪」はきっかけにすぎません。むしろこの物語は、「善悪」という二元論のフレームに気づかせ、それを崩し、さらに新たなフレームの再構築を促すのです。確かにいじわるじいさんは「悪」を象徴しています。もし、「善悪」のフレーム内だけでの物語だったら、もう一人のおじいさんはお人好しじいさんになっていたでしょう。でも、「花咲かじいさん」ですよね。花咲かじいさんは善い人であるよりも、「美しい人」なのです。

4 『花咲かじいさん』の「美しさ」〜有無を超える〜

「美しさ」の感動はリフレーミングを引き起こします。そしてリフレーミングは、「AかB（非A）か」の二元論に気づかせるところから起こります。

さて、「善悪」以外にも花咲かじいさんが気づかせてくれる二元フレームがあります。「要不要」です。

私たちは日々、ゴミを生んでいます。もし、「なぜそれはゴミなのですか？」と問われたら君はどう答えるでしょうか？「壊れたから」「使えないものだから」「役に立たないから」など様々な答えが予想されますが、つまり「要らないものがゴミになる」のではないでしょうか。

ではもう一つ、聞いてみましょう。「なぜそれは要らないのですか？」

いじわるじいさんによって燃やされてしまった臼。そして灰だけが残りました。花咲かじいさんはこの灰を畑にまきました。「シロが好きだった大根を育てよう」と思ったからですね。有用なもので満たされている現代と違って、当時はあるものを利用しないと生活が成り立たなかったでしょう。「ないなら買う」という発想は許されなかったのです。そこから智慧が生まれたのですが、このおじいさんにとって灰は、シロのためを思えばこそ「役に立つもの」「価値あるもの」になったのです。

いっぽうで、いじわるじいさんの考え方は、まるで現代人のよう。「要るもの」しか認めません。「要るもの」は、彼にとってはお金と「お金になるもの」でしかありません。そして、それらを独り占めして溜めこもうとします。彼にとって「不要なもの」は「お金にならないもの」です。そして「お金にならないもの」とは、「使えないもの」「役に立たないもの」でもなく、「使おうとしないもの」「役に立てようとしないもの」なのです。なんとまぁ、現代人にそっくり。

花咲かじいさんは、この「要不要」というフレームにも気づかせ、リフレーミングを促します。だから私たちは感動するのです。それこそインタラクティブの作用ですね。

さて、この物語で感動のクライマックスといえば、枯れ木に桜が咲いた場面ではないでしょうか。灰を畑にまいたところ、それが風に乗って枯れ木にかかり、桜の花が咲きました。それが評判になり、殿様の前でも花咲かじいさんは「枯れ木に花を咲かせましょう」と、桜を咲かせましたね。

一般的に枯れ木とは、花を咲かせられない「無価値・無意味」の木です。この木にはもう花が「無い」のです。そして枯れ木は、不要で邪魔、そして悪い木になってしまいます。見向きもされず、いずれ倒され燃やされ灰になってしまうでしょう。良い木、価値ある木は花を旺盛に咲かせる木なのです。だからこそ、愛でられ重宝されるのです。しかし花咲かじいさんは、花も価値も無いはずの木に、花と価値を生み出してしまうのです。

桜が満開になる感動のこのシーンがなぜ美しいのでしょう？　もちろん、桜は美しいです。しかしそれ以上に、「有無」という私たちにとって最大の二元フレームを見事に崩してしまうからなのです。

5 「美しさ」への感性

それにしても、『花咲かじいさん』が伝える「美しさ」は、なかなか奥ゆかしいですね。決して急がず、感度を高めて読まないと、その「美しさ」には触れられないでしょう。

しかし、「美しさ」とは本来、そういうものなのです。想定内の美しさ、準備万端整えられた「美しさ」ではなく、秘められた「美しさ」を私たちが積極的に見出さなければなりません。そして「美しさ」を見出す力が、私たちの感性なのです。いつでもそこにあるのですが、自分自身が見出さない限り、「美しさ」は姿を現しません。「美しさ」の体験は常にインタラクティブなのです。

「美しさは人を救う」ことを私は実感しています。「美しさ」は希望と可能性を取り戻させるのです。

僧侶のもとには、様々な悩みが届きます。彼らは共通して可能性を見失っています。与えられた選択肢の中で八方塞がりになっているのです。

しかし、どうやって悩みの出口を見出すのでしょう。どうやって希望と可能性を取り戻すのでしょう。それは自分自身で取り戻すしかありません。私から答えを授けることはありません。私の言葉はただ添えられるだけです。

私は彼らと庭の木々を見ながら、いっしょにお茶を飲みます。相談者が、その都度、自分の感覚に合わせて、庭のなにかに自分を照らし合わせます。たまに、私は視線を促します。その際も言葉はリードするだけです。可能性を見失っている人は、視線が縛られています。そして視線とは可能性なのです。

こうして不意に、相談者自身が覚醒する瞬間、希望を取り戻す瞬間が訪れます。その瞬間は、なんと美しいでしょう。私もまた、彼らが見出した可能性に感動します。こうして彼らは自ら、「AかB（非A）か」の二元論を突破していくのです。

⑥ ある初老の男性のエピソード

小雨が降る中、庭の掃除のお手伝いをしていた初老のおじさん。「この蜘蛛の巣がとってもきれいでねぇ」と私に笑顔で話しかけてくれました。まさに不意打ち！　私は感動で身が震えました。

蜘蛛の巣といえば、汚いもの、邪魔なものになるでしょう。顔についてしまえば、かなりうっとうしい気分にさせられるかもしれません。しかも蜘蛛の巣はたいてい見えません。しかし、水で濡れると蜘蛛の巣は見えてきます。水で濡れたことによって、蜘蛛の巣の造形がくっきりと際立ってきます。その造形に、この男性は「美しさ」を認めたのでしょう。

蜘蛛の巣さえ芸術になるのです。しかしこの芸術は、発見する人がいなければ、すぐに消え去ってしまうでしょう。水に濡れた蜘蛛の巣の美しさは、雨が止み、日が射してきたらまた隠れてしまいます。

ここにもちゃんと、「相互性」「無常・変化」という「美しさ」の二つの本質がありますね。この初老の男性の受容体（レセプターと私は呼んでいます）は、蜘蛛の巣がいつでも同じではないことを感受していたのです。

レセプターとは、「いつでも同じではないことに気づける力」と定義できます。それが「美しさ」を発見する感性なのです。

お寺は「感動の場所」なのです。古くから変わらない場所だからこそ、私たちお寺を預かる者たちは、「きれいにする」という意識を持たなければなりません。気を抜けばすぐに、「古くから変わらない」が「淀み」になってしまいます。

「感動の場所」とはいえ、私たちは感動の演出はしません。「悩みに対して答えを出さない」と先に話しました。可能性は自分で見つけるしかありません。同じように、「こうすれば感動するだろう」

という考えは、美しくありません。それは驕りです。考えの偏りはいずれ固定化していき、淀んでいくのです。

「美しさ」の感動は、今回は蜘蛛の巣でした。演出ではなく、不意による偶然なのです。「不意による偶然」は君が気づくしかありません。すべては君のレセプター次第です。

「美しさ」があるのは君の日常なのです。「食べる・着る・寝る」の一日が、惰性になっていませんか？ 毎朝、同じメニューかもしれませんが、本当にその食事は「毎回同じ」ですか？ 天気は毎日変わります。同じように、君の日常も毎日変わります。そんな日常でのあり方を通して、私たちは「美しさ」を感受できるようになるのです。

7 坐禅は「美しさ」の体験である

禅宗のお寺といえば、多くの人は坐禅を連想するでしょう。さて、「坐禅は美しさの体験である」なんて言われますと、「え？」と驚かれるかもしれません。あるいはもしかしたら、君はすでに美しさの感動を体験しているかもしれません。

坐禅は「知らない」「わからない」に気づかせてくれます。「知っているふり」をしていたことに気づかせてくれます。会社や学校では「知っている」が評価されますが、それによって「知っているふり」を無意識に演じてしまうのです。しかし「知っているふり」は淀みです。流れを遮ってしまうものです。

「ただ坐るだけ」という時間だからこそ、私たちの感覚は開かれていきます。坐禅を通して、音の細かさや匂いの抑揚に気づけるようになります。ただの雑音の中に潜んでいるメロディーに気づけるようになります。騒音だった蟬の音が音楽になるでしょう。言葉から離れ、ただ坐っているからこそ、「雑音かそうでないか」という二元論から解放され、世界の中の音楽に気づけるのです。

山間部や海際のような喧騒を離れたお寺での坐禅が好まれますが、その中だけではなく、騒音が多い都会でも音は同じように音楽になります。たとえダンプカーのクラクションやサイレンであっても、音楽になるのです。むしろ都会の中でこそ、私たちの感性は試されていくのです。

こうして五感を通して、自分が気づいていなかった可能性や希望に気づいていきます。禅僧だから、達人だからできるということではなく、だれでも、坐禅を通して「知らなかった！」「そうだったんだ！」という感動に巡り合えるでしょう。坐禅を通して、リフレーミングを促す「美しさ」の感動に、君も必ず出会えるでしょう。

私は坐禅を「air bath」とイメージしています。直訳すれば「空気浴」ですね。森林浴や海水浴のように、空気を「浴びる」。判断や評価をしないまま、空気の中に身を置いて、全身に浴びてみましょう。

そして空気と身体との相互作用によって、慌ただしい日常で閉ざされていた感覚のレセプターが開かれていきます。時間に追われて動きまくっていたときには感じられなかった音や匂いや感触に、君も感動するでしょう。

とはいえ、レセプターが開きまくっていればよい、なんてことはありません。常に開き切ってしまうと、その機能も狂ってしまうでしょう。地下鉄などであらゆる騒音をなんでも受容してしまうことになります。もちろん、閉じ切ってしまうのは困ります。「ここは開ける。ここは閉じる」という切り替えが大事です。「美しさ」へのレセプターも同様です。

「美しさ」は奥ゆかしいものです。24時間、レセプターの感度を上げまくって「美しさ」を探し求めていたら、その本質である相互性と変化が損なわれてしまいますし、感動もなくなってしまうでしょう。まずは閉じ切っていたレセプターを開き、その感度に感動してみましょう。そして、レセプターは本来、「開かれている」ことで覚醒するのです。あとは、意図的に「閉じる」ようにしてみましょう。

8 大人たちへ

第2節で、「朝は毎日違う」と書きました。朝には「美しさ」が諸所にちりばめられています。ここであえて、断言します。「朝のあり方が一日の美しさを決定する」のです。

仕事や学校がある日、起床後をどのように過ごしていますか？ 時間に追われるばかりに、同じことを繰り返すだけの朝になっていませんか？ 可能性がないこと、選択肢が一択しかないことは「淀み」なのです。つまり選択肢を持ち続けることが、「美しさ」になるのです。

一日の始まりだからこそ、選択のエネルギーを持ちましょう。朝の選択のビジョンとして私は三つの項目をお勧めします。

「なにを食べよう？」「なにを着よう？」「どうやって寝よう？」です。

中でも「どうやって寝よう？」は特に大事です。体力を消尽してエネルギーがゼロになってベッドに倒れこんだりしていませんか？ 酩酊していつの間にか寝入ってしまっていませんか？

日常には選択と一択とがあります。一択は、習慣あるいは規則性です。選択と一択、どちらも重要です。私たち僧侶の朝の習慣といえば朝課。朝のお勤めです。線香をあげお経を読み、掃除をし、坐禅をします。朝一番にやることとは、90パーセント以上は必ずできることです。だから習慣になります。そして、ここを外さなければ、一日のビジョンが明るくなるでしょう。朝やるべきことを達成させると、自信がついていきます。自分が選んでいるという自覚ができてきます。

感性を磨くためには、まず、与えられてきた選択肢を自覚することが大事です。「他の選択肢がなく仕方がなかった」は誤りです。選択の余地がなかった、強制されていた、と感じていても、その一択を自分で選んだのです。時間に追われてこの朝の一択をなおざりにすることは、その日の他の選択にも大きな影響を与えてしまいます。

どこかのお寺に出向いて、そこで坐らなければならないというわけではありません。廊下を拭く。食事を作る。食器を洗う。靴を磨く。アイロンをかける。庭の手入れをする。草抜きをする。布団をたたむ。私たち現代人は、このような「手間」を、機械や業者に任せることで省くことができるようになりました。しかし、手間を省いた結果、ますます慌ただしくなっていませんか？　手間を省くことは、自ら「美しさ」の感動から遠のこうとしているのです。手間をかけることは、自分自身の手入れ、心身の手入れをすることなのです。

君は今日、なにを食べ、なにを着て、どうやって寝ますか？　感動を求めて非日常を探す前に、日常を見直していきましょう。「美しさ」は君の日常にあるのです。

さて、君は今日、どんな「蜘蛛の巣」を感受するでしょう。美しさの感動体験は君の人生を救ってくれます。人生では「AかB（非A）か」の岐路に立つこともあります。しかし、本当に選択肢はその二択だけでしょうか。選択肢がないから苦しいのではなく、そのフレームが君を縛りつけているから苦しいのではないでしょうか。

君の今朝はどうでしたか？　うっかり「淀んで」いたのなら、明日の朝、自ら選択してみてください。「なにを食べよう？」「なにを着よう？」「どうやって寝よう？」、君自身で可能性を見出していくのです。そのときこそ、君は本来の「美しさ」に出会っているはずです。

第2章 「自由」について　～『一寸法師』を使って～

臨済宗妙心寺派　一宮市耕雲院　服部雅昭和尚

京が舞台の話はあまたあり、『一寸法師』もその一つ。都から離れた村で男児が誕生。背丈が大人の小指ほどしかないこの子は「一寸法師」と名づけられた。数年して、一寸法師は宣言した。「都へ行って立派な侍になる！」。故郷を出てから何十日目。「都だ！」。彼は都の中でも立派な屋敷で足を止めた。こうして一寸法師は三条の大臣の一人娘、春姫の家来になった。ある春、春姫は清水寺参りをすることに。そのころ、都には鬼が現れていた。一寸法師は護衛を志願。さて帰り道、出ました赤鬼1匹。鬼に立ち向かったのは、一寸法師ただ一人。チビを侮った鬼は口の中へポン！　そして春姫へ手を伸ばす。が、その瞬間、鬼は腹をおさえて苦しみだした。「痛い！」。一寸法師が腹の中で針の刀で暴れ回ったのだ！　鬼は逃げていった。おや？　鬼の忘れ物が。打ち出の小づちだ。春姫が小づちを振ると、一寸法師は立派な若者に。一寸法師は名を堀川の少将と変えて春姫様と結婚したとさ。

1 現代人たちの「自由」事情

「自由」とは、まさに人間の根本に関わるテーマですね。AIが登場して以来、問題となっている「人間とはなにか?」の答えには、「自由」が大きく関わってくるでしょう。そんな根本テーマが、様々な誤解をはらんだまま乱用されているのも事実です。

例えば「表現の自由」。「表現の自由」は日本国憲法第二十一条で定められています。憲法で保障される「基本的人権」のうち「精神的自由権」にあたります。この「表現の自由」が様々な問題を生んでいますね。

その一つにSNSへの書きこみがあります。表現の自由だから「なにを書いても自由」と主張する人もいますが、本当にそうですか? それは「自由」ですか? 他にも、ヘイトスピーチや誹謗中傷、フェイクニュースなどもあります。これらによって傷つき、害される人が多数生まれています。「なんでも自由に表現すればよい」が誤用であることは、明白でしょう。「自由」とはいえ、「相手を傷つける自由」が許されるわけではありません。

迷惑系YouTuberという人もいるようですね。彼らは人々に迷惑をかけるような行動を撮影し、ときにセンセーショナルに、ときに面白おかしく映像として配信します。飲食店の備品を汚したり、スーパーマーケットに並んでいる商品を会計前に食べてみたり。それで再生回数を稼ぐことが、本当に「自由」なのですか?

「自由に生きる」と聞くと、自由気ままに生きることをイメージします。一言一句違えるものではなくても、同じ意味のフレーズが多くの流行歌に認められますね。それだけ現代人の多くが不自由に悩んでいるのでしょう。

彼らは、熱く激しく歌います。「もっと自由に生きよう！」「思うように生きよう！」どうやら「自由に生きる」とは「思うように生きる」ことのようですが、この「思うように」がなかなかの曲者です。ＳＮＳでもそうですが、思ったことを思ったように書きこむから、人を傷つけ、自分の価値を下げてしまうのです。いったい、「思う」のはだれでしょう？ 我がままでいっぱいの「自分」でしょうか？

「思うように」の主体って、どんな主体でしょうね。君はどう考えますか？

「自由」の類義語と対義語を見てみましょう。類義語には「勝手」「随意」「解放」などがあります。『広辞苑』には、「勝手。都合のよいこと。自分だけに都合のよいように行うこと。わがまま」、「随意。自分の心のままで、束縛や制限を受けないこと」、「解放。束縛を解いて自由にすること」と書かれています。他者を傷つけてしまう「自由」は、「勝手」が近いでしょう。そして、こちらの「勝手気ままな自由」が一般的な使われ方のようですね。「自分の人生、どう生きようが自分の自由である。自分で稼いだお金をどうやって使うかは自由、時間をどう使うかも自由、ゴロゴロするのも自由、だれとつき合うかも自由、進学先も就職先も自由」。私自身を振り返っても、この意味での「自由」を標榜してきた時期がありますし、若いころはこの「自由」を謳歌してきました。まさに、勝手気ままで、「カラスがなくのも勝手でしょ」という気分でした。

西洋的な意味合いでの「自由（freedom や liberty）」は「解放」と同義になるでしょう。「なにかをすることに障害や束縛や強制がないこと」を意味します。

ニューヨークのリバティ島に立つ「自由の女神（Statue of Liberty）」、彼女はアメリカ合衆国独立100周年を記念して、フランスから寄付されたものだそうですね。右手に「自由」を示す松明、左手には「独立宣言書」、足では鎖を踏んでいます。この鎖には重要な意味があります。鎖は奴隷制度や暴力を指します。ですから、「Liberty」は「抑圧や悪政からの自由」なのです。つまり、政治的かつ体制的に束縛されている状態から勝ち取ったのが、自由の女神が象徴する「自由」なのです。

そして、禅が教え示す「自由」は「随意」に類します。

さて、これから君と『一寸法師』を題材にして「自由」について考えていくのですが、ゴールに至るまでに君と考えたい問いがあります。

「自由と不自由は本当に対義語なのか？」

この問いをガイドにしながら、いっしょに「自由の道」を歩いていきましょう。

2 私の「自由」エピソード

20数年前、私も修行僧でした。禅宗では修行僧のことを「雲水」といいます。これは禅の言葉「行雲流水」に由来します。

「行雲流水」、空を流れる雲、川を流れる水。雲の水も、本当に「自由」ですね。しかし、その行く先には不自由もあります。雲の行く手を遮る高い山があるでしょうし、山にぶつかれば雲はいったん、立ちどまらなければなりません。しかし、あくまで一時のことで、ずっとそこにいるわけではありませんよね。雲は形を変え、山をかけ上り、また向こうの空へと流れていきます。

修行僧も、空を流れる雲や川を流れる水と同じようなものです。かつては私も、修行中に様々な障害や不自由にぶつかり、悩み苦しみを体験しました。そもそも修行道場は決まりごとによって進められる極めて不自由な場所です。そしてその障害によって立ちどまることを強いられ、ずいぶんと打ちひしがれることもありました。しかし、私は再び立ち上がりました。古来よりずっと、修行僧たちは同じ修行の道を歩んできたのです。これこそ、本当の意味での「自由」な生き方なのです。障害や不自由の中での「自由」。これを私たちは修行道場で会得し、修行から自分の寺に帰ったのちも、行雲流水のごとく、苦しみもがきながらもさらさらと流れるように生きていくのです。

修行僧に限らず、だれの人生にも、もちろん君の人生にも、必ず障害や不自由な出来事が起きます。そんなときは、雲や水の流れに思いを寄せてみましょう。きっと本来の「自由」を感じられることでしょう。「自由」は頭で理解するものではありません。感じるものなのです。「自由」にとっては特に、感動が大事なのです。

「負けた者こそバンザーイ」、という言葉に出会ったときの感動は、今でも忘れません。実に「自由」な感性ですよね。これは「芸術は爆発だ！」で有名な岡本太郎さんからの激励です。

岡本太郎さんは実に「自由」な芸術家ですね。願いを一つかなえてもらうなら、「無限のエネルギーが欲しい」のだそうです。そして、「そのエネルギーを爆発させ、すっとばして生きていきたい」のだそうです。

そんな岡本太郎さんは、「感動が大事だ！」と教えてくれます。『自分の運命に楯を突け』にこんな一節を残しています。

ぼくが人生で大切にしたいのは尊敬よりも感動だ。どんな人であっても、ある瞬間その人に感動すれば、それがぶつかりあいだ。［中略］よく考えてごらん。尊敬するってのは自分がするんだろ？　だったらもっと自分を高めていけばいいじゃないか。ぼくの場合で言えば、縄文式土器にはじめて接したとき――あの文様、そして、そこから感じられる日本の土の匂い、うめき、ずぶとい執拗さ。根源的な魔的な神秘の力の噴出。ぼくは感動した。それと同時に、そのときぼくは感動する自分を発見していた。つまり自己発見だ。これはひどくまた感動的だった。

（『自分の運命に楯を突け』　青春出版社　p.101 ~ 102）

「感動する自分を発見する」、ここにこそ「自由」の根本があるのです。私たちは強い刺激にさらされて「感動させられる」ことに慣れています。こうして、感動を得るための刺激はどんどん強くなっていきます。でも、本来の私たちは、本当にささやかなものにも感動することができるのです。頭で考えているばかりではなく、感動を重ねていくことが大事なのですね。そして、「感動できる自分」を発見していきましょう。路傍の石にも1個のレモンにも、アリのような小さな生き物にでも感動できるのが、「自由」の発現なのです。

3 星野富弘さんの「自由」

星野富弘さんは身体不随の芸術家です。学生時代は器械体操の選手だったそうで、大学を卒業して中学校の体育の先生になりました。しかし、クラブ活動の指導中に宙返りをしたときに頭から落下。首をケガし、そのせいで首から下が動かなくなりました。何度も手術をし、自分でトイレにもいけず、食事もだれかに口まで運んでもらわなくてはなりません。病室で天井をみつめて寝ているだけの毎日が続き、生きていても仕方がないとまで思い詰めたそうです。しかしあるとき、手ではなく口にペンをくわえて文字を書いたところ、目の前が明るくなった気がしたそうです。それから彼は練習を重ねました。器械体操を基礎から練習していったように、筆の練習に専念していったのです。

さらに星野さんは、草花の絵も描くようになりました。草花の絵に詩をつけて、詩画集を紡ぎ出したのです。その作品の一つを紹介します。

> 「動ける人が　動かないでいるのには　忍耐が必要だ　私のように動けないものが　動けないでいるのに　忍耐など必要だろうか　そう気づいた時　私の体をギリギリに縛りつけていた　忍耐という棘のはえた縄が　〝フッ〟と解けたような気がした」
>
> （『新編　風の旅』Gakken　p.24）

「思うように動けていた」という過去の記憶にすがりついていると、「思うように動けない」今が苦しくなります。だから棘なのです。でもこの棘は、自分で刺し続けていた。この道理に星野さんは気づいたのでしょう。だから棘を抜くのも自分自身です。自分で縛っていた過去の自分から、星野さんは新しい今の自分に変身したのでしょうね。

禅には「無縄自縛」という言葉があります。「ない縄で自分を縛る」。この縄は、思いこみだったり先入観であったり。でも本来、そんな縄なんてないのです。私たちはしばしば、ない縄で自分を縛ってしまうのでしょう。でも、自分で縛れるなら自分で解けるはずですね。

生きるということは、老いるということでもあります。病気の一つや二つはしているでしょう。そりゃ、だれだって病気も老化もしたくありません。病気やケガをしてしまうと、「自分はなんて不幸で不自由なんだ」と嘆くかもしれませんね。「これまでは思う通りに動けたのに！」なんて歯ぎしりするかもしれません。しかしそのような状態の自分が「不自由でしかない」と考えるのは、思いこみ。自分で自分を縛っているのです。それでは感動は生まれませんし、忍耐の棘にさいなまれ続けるでしょう。

私たち人間存在にとっては、不自由がすなわち「自由」であり、「自由」がそのまま不自由なのです。本来の「自由」は「不自由でなくなる」ことではありません。不自由であるまま、ケガや病気があっても、老いても、「自由」でいられるのです。ロボットのように物体として計量できる世界に止まれば、「自由」と不自由は対立します。しかし、その対立を超える力が私たちのだれにでも備わっています。それが『一寸法師』では「打ち出の小づち」として登場していますね。

❹ 『一寸法師』の「自由」

『一寸法師』から「自由」を読み解くにあたって三つの要所があります。「京に行くまでの幼少期」「鬼との対決」「打ち出の小づちを拾ってから」です。

まずは幼少期に注目してみましょう。一寸法師には指の長さ程度の身長しかありません。もはや、同じ年齢の子どもたちとの比較を絶するサイズで、ここに優劣などもなかったでしょう。それでも彼は「人間」の姿をしています。もしかしたら、「あれで人間かしら」と気味悪がられたかもしれません。そうでなくても、「チビが歩いている」とからかわれたかもしれません。相当のコンプレックスが固着してしまいそうですが、そんな空気の中を一寸法師は堂々と歩いていたのでしょうね。ここにも、差別などものともしない「自由」な姿が認められますね。

禅僧たちも「平等」と「差別」を教えますが、一般的な「ビョウドウ・サベツ」とはずいぶん、意味が違います。

「春色《しゅんしょく》高下《こうげ》無《な》く　花枝自ずから短長」なんて禅語があります。春はだれのところにも同じようにやってきますよね。この点ではみんな平等です。いっぽう、花の枝に目を向けると、長い枝もあるし短い枝もあります。同じように人それぞれに違いもあるのです。つまり「平等のまま差別であり、差別のまま平等である」ことをこの禅語は教えてくれます。この「差別」を、禅僧は「シャベツ」として伝えるのです。

第二の注目ポイントにいきましょう。鬼退治での一寸法師です。彼は鬼の腹の中から攻撃するという、「自由」な発想によって鬼に勝ちました。このような「自由」を、私たちは「臨機応変の働き」といいます。そのとき、その場に応じて、自由自在に行動できることですね。そして、自由自在に行動するために一番大事なことは、自由自在に心を柔軟に働かせることです。どれほどの修練を積んでも、心が「勝ちパターン」に凝り固まっていたら、身体も動かなくなってしまい、結局は敗れてしまうのです。

「たくあん漬け」でお馴染みの沢庵禅師は臨済宗の高僧です。彼は徳川将軍家の剣法指南役である柳生宗矩のために『不動智神妙録《ふどうちしんみょうろく》』という書物を著しました。この本には剣の極意が書かれているのですが、そのキーワードが「不動」なのです。

「不動」なんて聞くと、「動じない」「ピンチに陥っても心が動揺しない」ことを連想するかもしれません。しかし沢庵禅師が教える「不動」は、これと真逆。「不動とはまったく動かないということではない。心は『自由』に動かして、一つのことに心をとらわれてはならない」のです。

1人で10人の敵と対戦するとしましょう。1人目が切りかかってきました。ひらりとかわす。続いて2人目。このとき、1人目に心を残していてはダメです。2人目には新しい心で、3人目、4人目…という具合に10人と闘うためには少なくとも10回は心を動かさないといけませんよね。これが沢庵禅師の教える「不動心」です。

一寸法師もこの不動心で鬼と対決しました。そして機に応じて「自由」に戦った結果、鬼に勝てたのです。

さて最後に、「打ち出の小づちを使った後の一寸法師」に注目です。ところで、打ち出の小づちは彼の手元に残ったままですよね。君ならこのアイテムをどうしますか？

5 「打ち出の小づち」は本来の「自由」を示す

打ち出の小づちを「思う通りに願いをかなえてくれる魔法のアイテム」のように考えていたら、結局一寸法師は、「思う通りにならない」不自由にいつまでも悩まされたことでしょう。背丈だって、伸びたり縮んだりを繰り返すことになったかもしれません。足りないことや思う通りにならないことが満たされることは、決してありません。そんな一寸法師になってしまったら、幼少期や鬼との対決で発揮された「自由」に背いてしまいます。

最後に手元に残されている打ち出の小づちは、一寸法師の「自由」な心そのものなのです。捨てようにも捨てられません。心ですからね。そして、この本来の「自由」な心はだれにでも備わっているのです。

『佛教語大辞典　縮刷版』（中村元著、東京書籍、1981年）を開いて見ますと、「自由」は、「解脱して何ものにもとらわれぬ境地。さとりの境地」を意味します。しかしこの「何ものにもとらわれない」が実に難しい。そのために私たち僧侶はなかなか厳しい修行をするのです。

『臨済録』という書物に「去住自由」という言葉があります。

「仏法を学する者は、且く真正の見解を求めんことを要す。若し真正の見解を得れば、生死に染まず、去住自由なり」

この一節にある「真正の見解」、つまり「真実であり、正しいものの見方、考え方」が僧侶にとって大事なのです。そしてこれこそ、「自由」のもとになるのです。「何ものにもとらわれない」ためには、まず「真正の見解」が欠かせません。

「生死に染まず」というのは、「生きるとか死ぬとかという問題に振り回されないこと。つまり生死を思い通りにしようとしないこと」です。「ずっと生きていたい、死にたくない」、という考えは、自分自身を苦しめるのです。

一般的には「思う通りになる」のが「自由」と考えられがちですが、そもそも人生は「思い通りにならない」ところから始まりますよね。夏は暑いし冬は寒い。だから「春か秋に生まれたい」と思ってもそうはいきません。身長も性別も国籍も、思い通りにはなりません。

「思い通りにならない」ことを思い通りにしようとするから、苦しみが生じます。「四苦八苦」という言葉を聞いたことがあるでしょう。この「苦」は「どうしようもないこと」という意味を持つのです。生老病死、生まれ方、年の取り方、病気の仕方、死に方など、努力はできても思い通りにはなりません。「真正の見解」とは、「思い通りにはならないことにとらわれない」見方や考え方。これが基礎となって、私たちは「自由」に生きられる。一寸法師たちは「打ち出の小づち」を見つけたのですが、「真正の見解」を得たからこそ見つけられたのです。

さて、この境地を目指して僧侶は修行をするのですが、だからといって修行をしないと「自由」になれないわけではありません。むしろ、日常にこそ「自由」のヒントもエクササイズも潜んでいるのです。まずは、「どうしようもないこと」をどうにかしようとすることは、やめてみませんか？『一寸法師』での鬼は、きっと、「どうしようもないこと」をどうにかしようとして、自身が持つ打ち出の小づちに気づかないまま、娘をさらっていたのでしょうね。そんなことにとらわれなければ、鬼として「自由」に生きられたでしょうに。

だれにでも、仕事の好き嫌いはあるでしょう。あってもよいのです。でも、嫌いなこともあえて引き受けてみませんか？　人生の勝負に挑むこともあるでしょう。もちろん、勝ちを目指すのは大事です。でも「負けてバンザイ！」なんて、爽快に言い放ってみませんか？　そして、日常に潜む小さな感動を見つけてみましょう。

この日常を重ねていけば、きっと君も自分に生来備わっている「打ち出の小づち」に気づくことでしょう。

6 「不自由」の中に「自由」あり

星野さんのエピソードを通して、「不自由がすなわち自由であり、自由がそのまま不自由」の道理に触れました。ここをもう少し、深めてみましょう。

この道理を最も明確に教えてくれるのが「自然」です。

「自然」は一般的には「しぜん」と読みます。人工の反対の意味として使われますね。この意味の自然としては、山や川や海や草木などが思い浮かぶでしょう。

そして仏教では、「自然」は「じねん」と読むのです。様々な意味がありますが、その一つに「一つのところに停滞しないで自由自在なこと」があります。この意味では、「しぜん」と「じねん」がピタリと重なり合うのです。

山や川は「自由」ですよね。行雲流水が示すように、一つのところに停滞しません。近くに川はありますか？　山に雨が降り、それが集まって小さな川ができます。その川は海に向かって流れていきますが、途中にはいろんな障害があります。倒れた大木や大きな岩など。これらは川にとっては不自由です。けれどもそこに決して止まらず、ときには滝となり、ときにはぐねぐねと曲がり、次第に広く大きくなり海へと流れていきます。自由自在ですね。

山や川だけではありません。もっとささやかで小さな生き物にも目を向けてみましょう。花は花だけで生きていくことはできません。花が咲くまでには様々な小さな生き物たちの力が必要です。いかにも不自由ですね。実をつけるにもミツバチたちの力が必要です。海の中を眺めてみますと、イソギンチャクとカクレクマノミという熱帯魚の関係が面白いですね。カクレクマノミは、イソギンチャクに隠れます。海の生物としては弱者であるという不自由さをイソギンチャクが満たしています。でも、イソギンチャクには守ってやろうという意識などありません。また、イソギンチャクにとってもカクレクマノミが住むことにより成長が何倍も進みます。こうしてお互いに不自由を満たし合っています。

どの生き物も、単体では生きられません。彼らはみな、完璧には程遠く、互いに不自由です。しかし互いに欠如を満たし合って成り立っているのがこの世界です。まさに不自由の中に「自由」がある世界なのです。

どうやら、私たち人間は頭でっかちになりすぎて、不自由と自由が断絶してしまったようですが、自然は教えてくれます。

「不自由の中に自由がある」のです。そして同時に、「自由の中に不自由がある」のです。

7 「自由」な心と感性

ところで、「人は死んだらどうなる」と君は考えますか？

全てはなくなってしまうでしょうか？ 確かに、身体は滅しますが、では心はどうでしょう？

日本の多くの宗派で広く読まれている『般若心経』には、「不生不滅」というフレーズが出てきます。「生じることもなければ滅することもない」と教えています。

お葬式などで目にする仮の位牌には「新帰元」と書かれます。「新たに元に帰る」を意味します。死は消滅ではなく、「元に帰る」と私たちは考えます。しかも「新たに」なのです。

「身体」の対義語として「命」があります。物的な身体に永遠はありませんが、では命はどうでしょう？「人は仏心の中に生まれ、仏心の中に生き、仏心の中に息を引き取る」と、昭和を代表する臨済宗の高僧、朝比奈宗源老師は「永遠の命」を説明しました。永遠の命は、「大いなる命」とも言い換えられます。

空気を想像してみましょう。空気は私たちを生かしてくれています。空気がなければ私たちは死んでしまうでしょう。空気は私たちの鼻や口から入り、肺に入っていき、血液に溶けこみ、全身を駆け巡ります。そしてまた外へと出ていきます。私たちを生かしてくれるこの空気が、「大いなる命」を感じさせてくれるのではないでしょうか？水も同じですよね？

だれもが生来、「大いなる命」に育まれて生まれ、生き、そして死んでいきます。実際には、「自分」というのは私たち自身が理解しているよりもずっと「自由」な存在なのではないでしょうか？

ところで、君は「打ち出の小づち」なんて、ただのフィクションだと思いこんでいませんか？「打ち出の小づち」は、君自身に宿る「自由」な心なのです。この本来的な「自由」は、「不自由対自由」という枠組みを超えてしまいます。年とともに身体は衰え、病気をし、最後は滅します。これが「自由」なき不自由な姿です。君という存在を物質的なところに閉じこめてしまったら、本来の「自由」は発現しません。

君の五感は、自由自在に世界を感じています。見ようと思わなくても見えています。聴こうと思わなくても、電車の音が遠くから不意に聞こえてくることがあります。匂いは出入り「自由」です。匂いを遮断するためには呼吸をストップさせなければなりません。

君の心はどうでしょう？　身体は届かなくても、心は宇宙に触れられるのです。「自由」な心は、まさに物理的な限界を超えていきます。

8 子どもたちへ

童謡『ぞうさん』で有名なまど・みちおさんは、こんな言葉を君たちに贈っています。

「どんな小さなものでも　みつめていると　宇宙につながっている」

宇宙はとてつもなく大きい。そのスケールは、容易に理解できないでしょう。でも、そんな宇宙と私たちはつながっているのです。アリだって宇宙とつながっています。どれほどちっぽけな存在に見えようとも、アリも私たちも宇宙とつながっています。だれもが宇宙とつながっているということは、同時に、アリも私たちも宇宙なのです。

アリも人間も単なる物的な存在だと思いこんでしまうと、宇宙とのつながりを感じることはできなくなります。物理的にはアンタッチャブルな距離ですから。でも、君の感性を開放してみてください。そこにあるのは、宇宙ともつながる「自由」なのです。

一寸法師が手に入れた打ち出の小づちは、願いごとを唱えながら振ると願ったものが出てきたり、願い通りのことが起こったりするミラクルアイテムでした。ドラえもんの四次元ポケットのようですね。のび太くんがピンチになったときには、スペシャルな道具がジャジャン！と登場し、ピンチを助けてくれます。のび太くんは、主題歌にあるように「こんなこといいな　できたらいいな」といつも望んでいます。きっと彼は「自分にはできない」と決めつけているのかもしれません。だからいつも「できたらいいな」と願ってしまうのでしょう。でもそれは君の心が望むことではありません。

禅の言葉に、「門より入る者は是れ家珍にあらず」というのがあります。家珍は家宝のことです。本当の家宝はその家に代々伝わってきたものであるように、私たちの本当の宝は自分の中に生まれたときから備わっていたものなのです。そしてその宝こそ、私たちの心なのです。君も私もみんなが持って生まれた心にこそ、本来の「自由」があるのです。

私たち日本の臨済宗の開祖である栄西禅師は、「心はとてつもなく大きい」といいました。天は到達することができないぐらいの高さにあるけれども、心はその天の高さよりもはるか高くまでいくことができるというのです。地球の厚みは測量することができないほど厚いけれども、心はその厚みを突き抜けて地球の裏側まで行くことができるというのです。君にはその「自由」な心が宿っているのです。それを君は感じ取れますか？

飛行機もロケットもない時代がありました。でもそんな時代にも、私たちの先祖たちは、心を月や宇宙に飛ばしていましたよね。それが「自由」な心の証です。その「自由」が君にもすでに備わっているのですよ。

第3章

「夢」について　～『浦島太郎』を使って～

臨済宗建長寺派　伊勢原市能満寺　松本隆行和尚

竜宮城。どこにあるかな竜宮城。名の通り龍王が統治しているときもあれば、浦島太郎のように乙姫が迎えてくれるときもある。ある日、子亀を救った浦島太郎。数年後、同じ浜で彼を待っていたのは、成長した亀。「さあ海の御殿に行きましょう」と誘う。そして辿り着いたのが、竜宮城。ここで浦島太郎は、神々しい美しさの乙姫たちと、飲めや歌えや踊れやの夢のような日々を過ごした。何年経っただろうか。浦島は突然、ホームシックに。乙姫に懇願すると「玉手箱を持って行ってね。でも絶対開けてはいけません」。地上に戻った浦島太郎。しかし故郷はまったく知らない姿になっていた。我が家もなければ母もいない。思い余って玉手箱をオープン。浦島太郎はおじいさん(あるいは鶴)になってしまった。さて浦島伝説。有名な伝承地は京都の伊根や横浜。が、北から南まで日本津々浦々に。おじいさんの浦島が過ごしたという伝承も、長野の寝覚の床に残っている。

❶ 現代の子どもたちの「夢」事情

「君はどんな夢を持っているの？」

なんて子どもたちは聞かれます。子どもたちは、サッカー選手だったり漫画家だったりパティシエなんて答えますね。

「夢はなに？」と聞かれると、たいていは「将来なりたいもの」で答えるようですね。保育園や幼稚園、小学校の低学年の子どもたちからは、スーパーヒーローやパイレーツなんて、微笑ましい「夢」が聞かされることもあるでしょう。

じゃあ、「大人はどうか？」って気になりますよね。こちらもやはり調査されていて、答えの上位には「健康」や「マイホーム」や「家族の幸せ」や「子どもや孫の将来」などが現れます。「マイホーム」や「家族」などは、非常に現実的な「夢」ですね。そして「健康」「幸せ」「平和」のような抽象的な「夢」が現れるのも、大人の特徴でしょう。

面白いことに、「大人は夢を失う」けど「夢がある大人は素敵」、なんてメッセージがちらほら見られます。そのため、「夢がない」ことに悩んでしまう大人もいるようですね。

「人生の成功者」は「夢をかなえた人」として語られることも多いですよね。「こんな人間になりたい！」という幼いころの「夢」を実現することが、成功者の条件。物語として他人に読んでもらえる人生になります。いっぽうの「夢」を諦めた人は、落伍者とまでは言われなくても、「物語としては退屈だ」なんて評価されてしまうかもしれません。

しかし、たいていの人はなんらかの「夢」を諦めているのではないでしょうか。では、「夢」を諦めることは失敗なのでしょうか？

確かに、「夢と現実」はワンセットです。「夢」の対義語は「現実」とされています。さらに「夢」と「実現」も切り離せない言葉ですよね。「夢はスーパーヒーロー（ウルトラマンや仮面ライダー）」が微笑ましいのは、非現実的で、実現は不可能だと受け取られるからです。もちろん、消防士や警察官は現実的で人間的なスーパーヒーローになるでしょう。

「実現可能かどうか？」

これは「夢」を考える上での基軸となります。大人にとっては、実現不可能な「夢」を語ることは、恥ずかしいことになってしまうでしょう。いい大人が、「スーパーヒーローになりたい」なんて言えないのです。「アメリカン・ドリームを追いかける」なんて発言にも、年齢制限があるはずです。ですから、大人になると「夢を失う」といわれてしまうのでしょう。すると「夢」とは、「手が届きそうだけど、実現は確実ではないこと」になりそうですね。「明日、カツ丼が食べたい」は、その実現可能性の高さゆえに「夢」にはなりませんが、「日本一有名なテーマパークの高級レストランで誕生日を祝う」ことは、そのレアな価値があるからこそ「夢」として語れます。

さて、ここで君とは「夢」について考え合いたいと思います。「夢」は実現させなければならないのか？　実現させるにはどうすればよいか？「夢」を諦めた人は敗者なのか？　なぜ、「夢」を見なくなってしまうのか？

「夢」を中心にしていろいろなことが考えられそうですね。

❷ 私の「夢」エピソード

ところで、小さいころからの私の「夢」は、学校の先生になることでした。父が早くに亡くなってしまったこともあり、父の仕事の後を継ぎたいと思ったのでしょう。父は私にとっては人生の鑑でした。憧れでもありました。父は教員でもあり、同時に寺の住職をしていましたので、私は僧侶にもなろうと考えていたのです。大学を卒業して、まずは修行道場に入門しました。そして修行を終えてから、関東学院高校の教員になったのです。

こうして、早くも学校の先生になる「夢」が実現したのですが、なってみると「夢」がどういうものかを知ることができました。教員になることが「夢」でしたが、「夢」は実現して終わりではありません。「夢」の意義は、実現させることだけではなく、その「夢」を体験することにもあるのです。私の場合、教員になってみてはじめて父の苦労が身に沁みました。かなえたかった「夢」がどういうものだったのか、納得することができたのです。

さて、納得したその先に「夢」がまた続くこともあれば、「夢」が終わることもあります。眠っているときに見る「夢」と同じです。私の場合、教員になる「夢」は、納得した時点で先に続きませんでした。目が覚めたのです。今はこうして僧侶となり、伊勢原の寺の住職として、実現させたい様々な目標を掲げています。寺が守ってきた文化遺産や環境を未来はつないでいくこと。そして、様々な要因で忘れられてしまったものをリバイバルさせていくこと。さらに、寺が本来持っている役目、教育や福祉の役目を取り戻していくことなどが、当面の目標です。「夢」という言葉にふさわしい言い方をすれば、「日本文化を次の世代につなげていく」になるでしょう。これは使命にも近いかもしれませんね。

❸ 尊敬するコメディアンHさんの「夢」エピソード

駒澤大学で一緒に授業を受けていたことがきっかけでHさんとのご縁ができています。そんなHさんは、今、「80歳の挑戦。最後の夢物語」プロジェクトに挑んでいます。能満寺の末寺だった高岳院があった場所に、桜が咲き誇るお寺を創設しようとしています。

お笑いで一時代を築いたHさんですが、彼独特の「夢を実現させる」姿勢があるのです。

若かりしころ、Hさんはアメリカの地に「夢」を求めたことがあるそうです。このあたりのエピソードを以前、私に聞かせてくれました。

Hさんの夢は、アメリカでチャップリンと肩を並べる喜劇王になることだったそうです。そのために家庭教師まで頼んで英語の勉強をしていたそうです。

そんなときに、アメリカのエンターテインメントに通じていた一人のプロデューサーから、「アメリカから呼ばれているのか?」と質問されたそうなんです。

Hさんは、「呼ばれてはいないけど勝負しにいきたい」と答えたそうですが、それに対する返事が、Hさんのビジョンを変えてくれたそうなのです。

それは、「日本にいながら、アメリカに呼ばれるような番組を作ればよい」でした。

この一言でHさんは目が覚めたそうなんですね。そこで、アメリカ行きという「夢」を、目標へと細分化していったそうです。目標は実現可能なところに設定されます。いきなり「アメリカ行き」を追いかけるのではなく、「日本でできることをクリアーしていこう」と決意し直したのです。

今現在、Hさんが「夢」を掲げていても、それはある意味、戦略的なものでしょう。他人から見て非現実的ともいえるレベルであっても、Hさんにとっては実現に自信がある目標なのです。ある程度、道筋も見えていて、あとは人事を尽くすだけ。それが他の人にしたら「夢」に見えるかもしれませんが、Hさんにとっては目標なのです。「夢」を目標化して「人事を尽くす」まで落としこめるか。これがHさんの「夢の実現」のための奥義といえるでしょう。

「できる」という確信。これは他のだれかが「君ならできる」と言葉を尽くしても、君自身が信じていなければ力になりません。もし、「これが夢です」なんて言いながら、「どうせムリだろうけど」なんて端から「夢」を否定していたら、自ら進んで実現の可能性を閉ざしていることになってしまいますよ。

「君は、君の夢の実現を信じていますか？」

これに否定で答えるか肯定で答えるか、自問自答してみるとよいでしょうね。「夢を見る」なんて表現しますけれど、実際には、否定される「夢」は見えていないはずです。「夢」で大事なのは、その実現を信じられるかどうか。「見えているかどうか？」を問われたら、ぼんやりとでも見えているのは目標なのです。「根気よく続ければ届く！」ところに目標が見えるのです。他のだれにも見えなくてもよい。だれがなんと言おうが、笑われようが、君の視界にだけ入っていればよいのです。

ちなみにHさんは、今や寝ているときさえ「夢」を見ないようになっているそうです。

4 浦島太郎の「夢」

「夢」のような竜宮城といわれますが、むしろ、竜宮城は「夢」には最も不適切な場所といえるでしょう。そもそも、浦島太郎自身が「行きたい！」と願った場所ではありません。亀に乗って連れていかれた場所が竜宮城だったのです。もしかしたら、浦島太郎のような男が来ることが、乙姫や亀にとっての「夢」だったのかもしれないですね。

自分を助けてくれた浦島太郎に、亀は「君の夢はなんですか？」と聞いてみればよかった。きっと彼は、「釣りがのんびりできること」「家族と幸せに暮らすこと」「平穏無事がいいな」なんて答えたでしょう。いったいぜんたい、「美しい女性がそばにいて、上げ膳据え膳で、年も取らず、欲しいものがなんでも手に入る世界」なんて、だれの「夢」だったんでしょうね？「欲望が満たされる」「不老不死」のようなものは、抽象的で現実的ではありません。もしかしたら、当時の過酷な環境への反動として生まれた、だれのものともいえないレベルの「夢」だったのかもしれませんね。現実の苦しさを忘れるための「夢」といったところでしょうか。

世界各地には、「夢の国」とも表現されるテーマパークがありますね。私も子どもたちを連れていくことがあります。子どもたちもとても喜びます。さて、この「夢の国」もまた、竜宮城のように必ず終わりがあります。時間を忘れて没頭できるような場所は、面白いことに永遠ではありません。そんな場所にい続けることはできないのです。もしかして、何年も「夢の国」にい続けたら、浦島太郎が迎える結末のようになってしまうかもしれません。

「もし、お金がかからないなら、君はこの夢の国にい続けられますか？」

なんて話題でも君と話をしてみたいですね。

与えられるばかりでは退屈になってしまうのです。そこでは、生きている実感が持てません。生きる気力も失ってしまうでしょう。「夢の国」は、い続けたら「夢」もなくなる場所なのです。「夢」を描く前に全てが目の前に実現されてしまうのですから。「ずっとここにいてよい」ところは、とても居心地悪い場所になるのです。「いつかここから出ていく」ことがはっきりとわかっているからこそ、その場所を楽しむことができるのです。

私たちにとって、「夢」も目標も与えられるものではありません。自分で描き、自分で作り、自分で達成していくもの。与えられ続けると、失敗もできないしチャレンジもできなくなるでしょう。失敗も後悔も反省も許されないとしたら、それは自動機械のような存在になってしまうでしょう。浦島太郎が「したいこと」は全て、乙姫に先取りされています。私たちは、不足があれば、自力でその不足を満たそうとするのですが、竜宮城では不足などありません。「なにかをしたい」と浦島太郎が思っても、その不足すら計算され、用意され、そして予めクリアーされているはずです。

「もし乙姫に嫌われたら?」なんて、私なら考えてしまいます。その世界を成立させる存在を裏切ることは、死を意味します。なんせ一歩外へ出たら息のできない海の中。竜宮城ではそんな裏切りは許されません。そんな世界に、君はい続けられますかね?

5 「夢」を目標に変えられるか？

「君はどんな夢を持っているの？」

その「夢」を1枚の紙に描いてみましょう。絵でもよいですし、文章でもよい。そこにはなにが描かれましたか？　自分がなにをしているか？　だれが周りにいるか？　そこまでどんな道を通るか？　具体的なイメージがあればあるほど、実現される確信が大きいのです。つまり、「夢」が目標になっているのです。

だれにでも限界があります。身体的な存在である私たち人間には、「制限」がつきものです。手が伸ばせる範囲にも限界がありますし、ウサイン・ボルトでも人間の身体能力の限界を超えて100メートルを8秒で走ることはできません。手のひらに収まる物の量にも、抱えられる荷物の重さにも限界があります。もちろん、年齢にも限界があります。いつか必ず、だれもが死にます。無際限や永遠不変は、身体にはありえないのです。

どんな物でも、大きすぎたり遠すぎたりしたら手に負えなくなります。すぎたものは、適度なサイズへとダウンさせなければなりません。「夢」も同じです。

Hさんの「夢を目標に下げる」が大いに参考になりますね。では、どのように下げればよいのでしょう？　どの程度まで下げればよいのでしょう？　これには、一般解はありません。だれにでも通用する基準はないのです。

ところで、君は今日、「ムリ！」と思ったことはありますか？　何回くらいありましたか？　ここ1週間ではどうでしたか？　なぜ「ムリ！」と思ったでしょう？「今日は時間がない」と自分を納得させたでしょうか？　あるいは、やり方がわからなかったからでしょうか？　あるいは、他のみんなも「ムリ」といっていたからでしょうか？

最近、私は「ムリ」と聞くことが増えました。チャレンジする前に、行動する前に、大変そうだと想像してすぐに「ムリ」が口から出てしまうようです。

これほど、残念な発言はありません。

確かに、ムリなことはあります。しかし、「ムリかどうか」を教えてくれるのは、頭ではなく身体です。実際に自分が体験してみてようやく、自分の限界を超えていることがわかるのですよ。だから、前例がないとか、方法がわからないというのは、すでにもう実現しないための言いわけを作っているようなものです。

到達すべき地点が遠すぎるなら、そこまでの道の途中に、いくつか適当なポイントを設置していけばよいのです。近すぎるのも目標にはなりません。「すぎる一線」には、一般解も正解もありません。AIによって計算され、答えが出されるものでもありません。君と私では「すぎる」は違います。年齢、体力、性別、住んでいる環境に応じて、「どこからがすぎるになるか」は変わってきます。目標への距離も、目標までの手段も道のりも、人によってバラバラなのです。ですから、安易に「私はこれで夢を実現した」に乗っからないようにしましょう。

「人によってバラバラ」の基準は、個人個人に備わった「肌感覚」といえるでしょう。この「肌感覚」が大切なのです。肌感覚は、教科書にも書かれていません。指導教官も教えてくれません。「いける！」という身体感覚は本人にしかわかりません。統計も平均も役に立ちません。

身体感覚を身につけるには失敗も必要です。運転技術や器械体操と同じですね。教科書を丸暗記していても、運転も体操も上手くはなりません。トライ&エラーを繰り返し、目標に挑んで失敗してさらに挑むことで、君自身が体得していくものです。

竜宮城では「与えられる」ばかりでしたね。ここには、トライもできなければ、もちろんエラーもありません。自主性も意欲も不要です。トライする前に全てがかなってしまいました。「なんでもかなう世界なんて、『夢』のような素晴らしい場所だ」、なんて思ってしまうかもしれませんが、現状は真逆です。「なんでもかなう世界」は、意志も気力も、欲望も、そして「夢」すら奪ってしまう世界なのです。そんな世界は、居心地良いどころか、私たちにはいた堪れない場所なのです。

居心地の良さは、勝手に放りこまれて閉じこめられた場所にはありません。「夢」もまた、そこにはありません。自分でそのような場所を作るからこそ、居心地は成り立つのです。もちろん、達成感もそうですよね。

❻「追いかける」では実現できない

「夢を追いかけろ！」なんて扇情的なフレーズを聞きます。でも、「追いかけている」人には届きません。いつまでも追いかけ続けるだけ。きっと、追いかける側の心は、初めから「届かない」と諦めているのでしょう。「夢」をかなえた「成功者」に憧れているだけかもしれません。憧れは、実現したら消えてしまいます。追いかけ続けられるのは、「追いかけている自分」に満足してしまっているからです。追いかけている自分に酔ってしまっているのです。

「夢」を実現できる人は、「夢」を視界の外に置いてしまっているのです。視界には目標があるだけ。だから「夢」を追いかけることもありません。「夢」に執着もしません。山登りと同じですね。「絶対山頂まで行く！」は危険です。山登りは天候に大きく左右されます。「どんな天候だろうが、なにがなんでもこのまま突き進んで山頂まで行く！」という考えは命取りです。

山頂を追いかけるのではなく、山を登りながら、今、自分ができることをするのです。体調や天候のため、先に進むことが危険なら、その日の登山をやめてもよいのです。それは登頂を諦めたことではありませんよね。心理的なダメージにもなりません。むしろ、体験的にも、気持ちの面でも、このエラーはとても意味あるものになるはずです。そんな緩やかな緊張感のある人は、いつか必ず、別の機会に登頂に挑戦するでしょう。

人事を尽くせば、実現にも執着しなくなるでしょう。Hさんはよく言っています。「たまたま運がよかっただけだよ」。「運がよい」という潔さも必要です。そうすれば、成功にも失敗にも執着しなくなるでしょう。大切なのは、人事を尽くすこと。天命は、私たちにはどうにもなりません。でも、目標を達成していけば、いつか必ず、「夢」は実現できると信じましょう。信じられるのは、君自身がなにかを成しているからです。

目標到達が1回や2回できなくても、先には続きます。先を諦めるのは、道がないからではなく「もう先にいけない」と信じこんでしまうからですよね。「まだ先がある」と信じられる人には、自ずと道がひらけていきます。

Hさんも、「何度もトライ&エラーを繰り返した」と振り返っています。そして、エラーが起こったら、すぐに反省して、次の策を練ったそうです。

野球の栗山英樹監督と、大谷翔平選手にも、Hさんの考えに通じるエピソードがあります。「メジャーリーグに挑んで活躍したい！」と気持ちが高ぶる大谷翔平選手に対して、栗山監督はどんな助言をしたのでしょうか。監督自身の述懐から引用しましょう。

「日本で何年かやって、メジャー契約でアメリカに行ったほうが絶対に近道。それは絶対的に信念が僕にあったので、絶対に彼ならわかってくれる」

「近道」とは言い得て妙ですね。無我夢中で追いかけることが、どんどん道を外れ続けることになってしまうのです。「チャンスは向こうからやってくる」もの。追いかけている限り、チャンスを捕まえることはできないでしょう。できる目標を着実にクリアーし続けたら、夢の実現は「向こうからやってくる」。そんな心構えがよいですね。

ところで、「夢」は成功・失敗では語れません。成功者と「夢」の実現者は別なのです。成功や失敗は、人事の範囲にあります。そして、結果のみによって成功か失敗かが分かれます。いっぽうで、「夢」の実現には、人事を超えた天の意思、偶然が大きく作用します。だからこそ、「夢」の実現者には、ワクワクするような物語があるのです。結末がどんなものであれ、そのストーリーに読み手は感動するでしょう。

江戸時代の臨済宗の名僧、沢庵禅師は、臨終に際して弟子たちに言葉を送りました。

「百年三万六千日　弥勒観音幾是非　是亦夢非亦夢　仏云応作如是観矣」

中でも「是亦夢非亦夢」に注目しましょう。「是もまた夢、非もまた夢」と読みます。「できるも夢だし、できないも夢」、「楽しいことも夢、辛いことも夢」「成功も夢、失敗も夢」という意味です。「夢」がかなえば幸運ですね。でも、「夢」がかなわなくても幸運です。

「人生そのものが夢」なんて、禅僧らしい至高の境地ですね。人生が「夢」だからといって、人生が無意味になるわけではありません。君が主人公である人生のストーリーは、君が書いていけるのです。

「自分にはできない」と思っていませんか？「できない」と思えば、「夢」は見るだけで終わります。それもまた、儚く楽しい「夢」物語になるでしょう。しかし、君の物語は、君が主人公です。物語を読む側ではありません。「できる」と確信が持てていますか？もしできていなかったら、「できる」ところに目標を置いてみましょう。

「夢」は追いかけるものではありません。掲げているだけでは、「夢」は有名無実になってしまいます。「夢」は育てるものです。自分が育つように、「夢」を育てていきましょう。身体が成長するように「夢」も成長させていきましょう。身体や環境が変われば、「夢」も変わるのです。

7 「夢」と感性

与えられる「夢」は、機械にインストールされるようなもの。それでも動いてしまうのが機械です。私たちは人間です。自ら動いて、試行錯誤して、失敗して悲しんで、そして達成を喜ぶのが人間です。登頂も、車に乗せられて到達しても、喜べませんよね。与えられているばかりでは、「夢」の実現なんて「夢のまた夢」になってしまいます。

そして、現実から離れた「夢」は見られません。奈良平安、鎌倉時代の人たちは「ラスベガスで有名人になる!」なんて「夢」を見ることはできませんでした。平安時代の人は、月にいこうと思っても、月の世界の人間が乗り物やチャンスを与えてくれることを願うだけでした。それが科学技術の発達で、自分で乗り物を作りたいという、「夢」になったのです。実現可能性が高くなるにつれて、月へいくことは、「夢」ではなく目標になりました。

「夢」と現実は対立するものではなく、同時に成立するものなのです。現実の中でしか「夢」を見られませんし、現実もまた「夢」によって成長していくのです。つまり、どんな「夢」でもいつか必ず、実現されるのです。

「夢」と現実は「同じ」ともいえるでしょう。だから、「自分が生きている現実からなにを感じているか?」、これが「夢」に大きく作用します。

「夢」を実現させたいなら、「夢」を目標化して、トライ&エラーを積んでいきましょう。それによって実現までの道筋への肌感覚が育ちます。

しかし、「夢」の実現にこだわることはありません。身体が育つように、「夢」も育ちます。身体が変化するように、「夢」も変わっていきます。変わることは恥ではありません。「自分ならできる！」を重ねていった先に、もしかしたら実現がひょんなタイミングでやってくるかもしれません。人智を超えた天の采配を信じられますか？　信じるためには、自分を信じなければなりません。そしてそのためにはなにをすればよいのか、君はもう覚悟できたかもしれませんね。

8 子どもたちへ

「夢」を追いかけていく必要はありません。達成すべき目標にサイズダウンすれば、必ずその「夢」が実現するタイミングが、不意に向こうからやってきます。

「夢」を描いて眺めているだけでは、実現には至れません。「夢」を育てていけばよいのです。どんどん、成長させていきましょう。一度、思い描いた「夢」に執着することはありません。

「夢」を、今できることに落としこんでいきましょう。「君ができることをする」姿勢が大切です。これを代理してくれる人は、どこにもいません。ですから、「与えられる」ばかりでは、この姿勢は身につきません。与えられるだけでは実現する力がなくなってしまいます。

目標までの道筋で、トライ＆エラーを続けていきましょう。トライ＆エラーを経験することで、必ず、実現への肌感覚が育っていきます。「いける！」というには、実現までの道筋が不可欠です。その道筋も君自身が決めるしかありません。成功より失敗の体験のほうが大事なのです。成功は、だれかのやり方でたまたまうまくいくこともありますが、失敗は君自身のものなのです。

「夢」を語るのはしばしば恥じらいがありますが、目標の達成になんらためらうことはありません。他のだれもが「実現できないだろう！」なんて笑い飛ばして、君だけはそこに到達できることを信じていればよいのです。恥ずかしがらず、失敗を恐れず、笑われることなど構わずに、目標に向かっていきましょう。繰り返しますが、目標をクリアーし続ければ、いつか必ず、「夢」の実現が向こうからやってきます。

「夢」を実現させるためには、君が自分自身を信じることが大切です。達成できなくても諦めることはありません。別の道、別の方法を探ってみましょう。「達成できなかったから失敗」なんて、ただの思いこみです。「夢」に成功も失敗もありません。唯一失敗といえるのは、浦島太郎のように、与えられることに慣れてしまいそこから出られなくなってしまうことでしょうね。

第4章

「正しさ」について

～『桃太郎』を使って～

臨済宗妙心寺派　西宇和郡伝宗寺　多田曹渓和尚

ヒーロー日本代表といえば、桃太郎。川に洗濯に行ったおばあさんが見つけた大きな桃。開けたら、びっくり！　男の子が飛び出してきた！　おじいさんもおばあさんも腰を抜かしそうになった。彼こそ桃太郎。そんな桃太郎は元気で力持ち！　年を経てとても強い男児に成長した。そのころ、村は鬼たちに悩まされていた。物を奪い人をさらい、乱暴をしていた。桃太郎は決意する。「鬼退治に行くぞ！」。おばあさんたちはきびだんごを作って送り出した。さて鬼ヶ島への道中で出会ったのが、犬、猿、キジ。３匹を家来に桃太郎は鬼ヶ島へ上陸。まずはキジが空から偵察だ。「いいぞ！　鬼たちは酔っ払っている！」。猿が門を内から開ける。「我こそは桃太郎！」。桃太郎が名乗りを上げると、犬が真っ先に飛びかかる。鬼たちは驚いた驚いた。それに桃太郎の強いこと！「参りました」「もう悪いことはしないか！」。桃太郎たちは鬼の宝物を船に積んで、村に帰って行ったとさ。

❶ 現代の子どもたちの「正しさ」事情

「氷が溶けたらどうなりますか?」

君はなんて答えるかな? 先生やお母さんたちはどんな答えを期待しているでしょうね。

「水になる」

確かに正解です。でもね、私は以前、こんな答えに出会ってしまったのです。

「春になる」

この答えは衝撃的でした。私は、自身の視野の狭さに気づいてしまったのです。そして、「正しさ」には2種類あることにも気づかされました。「大きな正しさ」と「小さな正しさ」です。

「小さな正しさ」は、一問一答形式での「正解」に類するものです。一つの問いに対する正しい答えは、ただ一つに限定されます。理科のテストで「春になる」と答えて丸になることはないでしょう。「カラスの色は?」と聞かれて「白!」と答えては間違いです。

「大きな正しさ」は、学校のテストでは間違いになります。しかし、その間違いにもなんらかの意味があるのです。私たちの考え方を縛って苦しめる常識を覆す力があるかもしれません。物事の新しい視点を教えてくれるかもしれません。そして「大きな正しさ」は、人間関係や仕事や勉学においても、重要な三つの心構えを養ってくれます。

「待つ」「許す」、そして「敬う」です。

テストでは、答えを出す速さが評価されるでしょうが、人間関係や人生という大きな視点に立ってみると、待つほうが大事です。学校を出て直面する問題は、たいていは即答できるものではありません。しかしそんな問題に対しても、「正しい答えをすぐに出さなきゃいけない」「自分の態度をすぐに決めなければならない」と、性急な姿勢でいてはプレッシャーで押しつぶされてしまいます。待てばよいのです。じっくり考えて答えが出てくるまで待つ。相手が答えを出すのも待つ。待っていれば、いろいろな間違いや失敗もあるでしょう。そのような間違いを許さず、間違いを蔑んでいては、排他的な人間になってしまい、結局は孤立してしまうでしょう。そのような世界はとても貧しく、私たち人間を分断してしまうでしょう。

ＡＩが登場しますます時間の流れが慌ただしくなりそうですね。ＡＩはすぐに白黒つけてくれます。ＡＩに頼ってしまえば、私たちは、答えを自分で出すのではなく、正しい答えを探すようになるでしょう。自ら考えることもなく、ＡＩが提示してくれるモデルや前例、権威を求めてしまうでしょう。しかしそれは、当座の正しい処置であって、永遠不変の真理ではありません。

間違えてもよいじゃないですか。「カラスは白い」かもしれませんよ。決してＡＩは「氷が溶けたら春になる」「カラスは白い」なんて答えは出せません。そんなＡＩと共存する時代だからこそ、私たち人間存在の意義として「正しさ」が問われます。そしてそんな時代だからこそいっそう、「待つ」「許す」「敬う」、この三つの心構えが大事になるのです。

私は決してテストをないがしろにしているわけではありません。一問一答の知識も大切です。室町時代の将軍を初代尊氏から最後の15代義昭まで、間違えずに披露できたらこれまたオドロキです。

いっぽうで、間違いをすることは恥ずかしいことかもしれません。「地元の名産・観光名所」を間違えたら、冷や汗が出てしまうかもしれません。大事な予定の日時を間違えてしまって、それが傷になるかもしれません。傷は痛いものです。ですから、だれもがそんな間違いは避けたいと願うでしょう。しかし、そんな痛みを通してようやく、ただの暗記では到底理解できない「大きな正しさ」に触れることができるのです。

これから、「大きな正しさ」について紙幅の許す限り、君といっしょに深めていきましょうか。

❷ 私の「正しさ」エピソード

私たち禅僧は作務ということを大事にします。作務とは、掃除や仕事など生活全般に関わる労作を指します。様々な作務があります。その日、私は鉈で木材を割っていました。それがなんの拍子か、振り返ってみても不注意としか言いようがないのですが、その鉈が私の右手を割ってしまったのです。鉈は私の手首の腱を断裂させ、正中神経も切断しました。

不思議と痛みはありませんでしたが、まさに「血潮が溢れる」という形容がぴったりの状態になってしまったのです。ドバドバと溢れ出る血を見ながら、私は自分の置かれた状況と未来にただただ絶望していました。

手術は三度行われました。ちょっと動かしただけでも腱が切れてしまうような状態だったため、ギプスで固められないところはアロンアルファで補強されました。

痛みが襲ってきたのは、最初の手術後、麻酔が切れてからでした。2ヶ月後にギプスは外されましたが、これがまた激痛。常に関節を逆向きにキメられているような状態だったのです。寝ても激痛、起きても激痛でした。

正中神経も切断されたため、今でも感覚障害が残っています。右手で箸も持てなくなってしまいました。自分で袈裟も着られません。書もできません。心ない檀家さんからは「うちの和尚はなにもできん」なんて冷笑、揶揄されました。

当時の私の心は、自分の犯した間違いに対して、およそ禅僧とは思えないような状態にありました。痛みを医者のせいにしようとしたり、ケガの責任を転嫁しようとし、自分のバカさ加減に怒り、常にイライラし、自分の痛みなどだれもわかってくれないとすねていました。

そんなある日、息子が私をリハビリに連れていってくれました。リハビリを終え、「またいっしょに来てくれるか?」というと、息子が「嫌だ」なんて答えるのです。驚いてしまいましたが、「どうしてなの?」と聞くと、「お父さんのあんな痛そうな姿は見たくないから」なんて言うんです。

「ああ、息子はわかってくれていたんだ」と気づかされました。私をあざ笑った人たちだけでなく私自身も私の痛みから逃げていたのです。彼の一言が私を救ってくれました。そして、自業自得ともいえるケガの痛みも、許すことができるようになったのです。

痛みという身体からのサインは、決して「間違い」ではありません。痛みは、極めて正しい反応なのです。ですから私たちは、しかるべく、痛みとつき合うしかできません。それはまた、自分自身の身体が交換不可能であり、生まれたときに授かった身体と死ぬまでつき合うしかないことと同じです。どれほどの苦しみや痛みがあっても、それもまた「大きな正しさ」なのです。「正しくない」ことがあるとすれば、そのような痛みを自己都合でなんとかしようとすることでしょう。

私のケガはお医者さんの宣言通り、完治などしませんでした。しかるべきところに落ち着き、今もなお痛みをもよおします。息子からの激励以来、私は焦ることなく落ち着くべきところまで待ちました。もちろん、痛いときは痛い。でも、痛みをちゃんと受け止め、十分な仕事ができなくなってしまった身体も、「これでよいのだ」と許し、敬えるようになっています。

❸ 高校野球での「正しさ」

私は幼いころより長く野球をしておりました。息子たち二人も野球道を進み、愛媛の高校球児として注目されたこともあります。プロ野球より高校野球が好きという人がいます。私の知人にもたくさんいます。なぜでしょうね。

プロ野球は、半年を費やすリーグ戦です。一試合の勝敗が全てを決することはないのですが、半年という期間の中に様々なドラマが生まれます。その間に、ケガで離脱を強いられる名選手もいれば、引退する選手もいます。

大半の人が観戦する高校野球の試合は、センバツと呼ばれる春の甲子園（選抜高等学校野球大会）と、夏の甲子園（全国高等学校野球選手権大会）でしょう。

高校野球は、試合で負ければ終わり。真剣勝負の一発勝負。残るためには負けは一つも許されません。甲子園の試合でそれまでの戦績が加味されることはありません。それまで全勝していたチームが負けてしまうこともあります。事前の情報にはなかった選手が活躍することもあります。高校野球のドラマには様々な形容があります。「青春」や「血と汗と涙」はその代表でしょう。

確かに、プロ選手たちの技術力などには、高校球児が及ぶところではありません。しかし、試合ごとの「感動」の大きさとしては、やはりプロ野球を上回るでしょう。

さて、そのような晴れ晴れしい表舞台の裏で高校球児たちは、ある意味、理不尽ともいえる選択をさせられることもあります。

監督の指示に対しては、イエスかノーかではなく、常に「イエス」でなければなりません。監督の指示が非常識なこともあります。合理的にはどう考えても「黒」であっても、監督が「白」といえば「白」になります。そして彼らは、常にケガと表裏一体の環境で練習をしています。ケガをすれば練習ができなくなり、結果としてレギュラーメンバーから外されてしまいます。そのポジションには即座に別のメンバーが入ってしまいます。息子たちの野球部には、80人以上の部員がいました。治療に専念すれば、1ヶ月くらいは練習から離れてしまうでしょう。こうなると二度とレギュラーとして戻ってくることはできません。ケガを隠して練習することもあるのです。そのためには、非常識、不適切、「正しくない」とされる選択をしなければならないときもあります。私の息子たちも、まさにケガを抑えながらレギュラーでい続けました。

血と汗と涙のドラマとは比喩でもなんでもなく、選手全員のそこに至るまでの事実なのです。確かに、理不尽で非常識なことではあります。「小さな正しさ」の中では、世間的表面的には、「間違い」になる行動もあります。しかし、高校球児たちにとっては、それは正しい行動なのです。

4 桃太郎の「正しさ」

さて、『桃太郎』本編から「正しさ」について考察していきましょう。桃太郎は鬼を退治しました。ここには、「桃太郎＝正しい人」「鬼＝悪い人」という構図があります。実際に、鬼たちは村の人をさらったり、物を奪ったりしている。これは悪いことですよね。しかし、福沢諭吉は『ひびのおしえ』でこんなことを書いています。

「鬼の物である宝を、意味もなく取りにいくとは、桃太郎は、盗人ともいえる悪者です」


君はどう思いますか？

桃太郎は悪者でしょうか？ そして鬼もまた悪者でしょうか？

私たちは、「正しさ」を一問一答形式のような答えとして求めてしまうところがあります。そうすると「鬼は悪い奴」で、「退治されて当然」という考えに支配されてしまいます。もしかしたら、鬼には人間とはまったく別の価値観や世界観があるかもしれません。それぞれの価値観や世界観には、それぞれの「正しさ」があります。「正しさ」の違いだけで相手を攻撃し始めたら、どちらかが滅びてしまうまで戦いは終わらないでしょう。

そしてこのような事例は、今この時代の世界にもいくらでもあります。例えば、宗教の違いによる戦争。あるいは民族の違い、あるいは領土の問題など。これらの例の特徴は、戦っているどちらも「正しさ」を主張しているところにあります。そのため、どちらにとっても相手は「理解不能」な主張として「理解」されるでしょう。

「小さな正しさ」はしばしば、戦争のような暴力にまで広がってしまうことがあります。理解より重要なのは、共感です。戦争の当事者であっても、もし第三の立場から自分たちがしていることを見ることができたら、きっとその現状に涙するでしょう。なぜそんな悲惨なことになってしまったのか、疑問を持つことでしょう。いつか、どこかのタイミングで、たとえこちら側からしたら間違いであっても、あちら側の間違いを敬い、許していくことが必要になります。

福沢諭吉は、「鬼は悪者ではない」と教えているのではありません。書籍には書かれていませんが、「桃太郎も悪いことをした。これを見落としてはいけない」と、私たちに示しているのでしょう。

桃太郎が帰還した船が描かれたイラストには、金銀財宝が積まれています。さて、気になるのはこの金銀財宝の出所ですよね。鬼たちは多くの村から、人や物を奪ってきたかもしれません。しかし、鬼が持っていたお宝たちは、おそらく村から奪ってきたものではなく、「鬼の宝」として代々受け継がれてきたもののはず。なぜなら、鬼は人間よりも、神に近い存在なのですから。

桃太郎は、鬼たちを懲らしめただけで、殺してはいません。結局は許していますよね。しかし、お宝を奪ってきてしまった。ここが、福沢諭吉がいさめる「悪事」なのです。ここには、鬼たちへの敬いがありません。そして、対等の立場で許したのではなく、勝者という上の立場から許しただけだったことが、ここで暴かれます。これは、略奪を略奪で仕返すという悪循環の始まりです。

「大きな正しさ」を知っていれば、桃太郎は鬼の間違いを敬い、そして鬼たちの考え方や心構えの成長を待つことができたでしょう。

❺ グレーという「正しさ」

「大きな正しさ」には「白か黒か」の二択で決められない特徴があります。いわば「グレー」です。

そこで君に質問です。

「仏のような心って、どんな心でしょう？」

さて、君はどう答えますかね。私はしばしばこの質問を聴衆に投げかけます。するとたいてい、「温かい」「穏やかで怒らない」「親切」「安らか」「慈しみと思いやりがある」心という答えが返ってきます。

しかし、「仏の心」には怒りや迷いのようなネガティブな側面があることを見落としてはいけません。迷いや怒りがないように生きることは、間違いの中でも最大の間違いです。「白黒」といえば、一般的には白が善で黒が悪になります。相撲の星取りでは、白星が勝ちで黒星は負け。刑事ドラマでおなじみ、「あいつはクロ」という発言は、「あいつが犯人だ」を意味します。

同じように私たちは、怒りや迷いなどのネガティブな心に、すぐさま白黒つけたがります。しかし、怒りや迷いそれ自体が「黒」になるわけではありません。それらは白にも黒にもなるグレーなものなのです。むしろ、それらを黒として蔑み、排除しようとするから、暴走してしまうのです。グレーを白にするためには、それらの変化を待てるようにならなければなりません。即座に白黒つけることが求められる状況もあると思いますが、それ以上に大切なのは、グレーな状態のまま待てることなのです。

迷いは慈しみへと変化します。苦しみは感謝へと変化します。もし、世界が「仏」で連想する白の心ばかりで満たされてしまったら、そこには感謝も感動もなくなってしまうのです。高校球児たちの姿に私たちが感動できるのは、彼らの日々の練習に激痛や苦悩があるからなのです。

小学校には、特別支援学級という知的障害の子どもたちが学ぶクラスがあります。このクラスには、学外の一般の人たちのボランティアが欠かせません。このボランティアをしている人たちの話を聞くことがあります。中でも私の記憶に残っているのは、「この支援は自分のエゴを満たすため」という発言です。「弱い者たちを世話することで優越感を持ちたかった」というのです。さて、究極のところ、どのような活動にも「エゴ」はなくならないでしょう。多種のボランティアがありますが、無私の精神で活動する人は極めてまれだと思います。「エゴの白黒」を問題とするより、エゴや優越感が「あるかもしれない」と認めながら、つまりグレーの状態でボランティア活動を続けることに意義があるのではないでしょうか。

そもそも人間は、不思議なくらいグレーな存在です。仕事場では仏のような人が家庭では鬼になり、権威的な人間が自己不信の塊だったりします。私たちは「グレーである」が基本なのです。

6 痛みを許し敬い、おさまるのを待つ

ところで、君は鼻毛を抜いたことがありますか？　鼻毛でなくても、どこかの毛を抜いたことはありますか？　痛かったですよね？

毛は皮膚の下から生えています。その根っことなる毛根はしっかり細胞にくっついているのです。太い毛になればなるほど、細胞との結合度も大きくなるから、それだけ痛みも大きくなります。

ちなみに、鼻毛を抜きすぎるのは君のためにはなりません。毛なるものはしばしば邪魔者扱いされますが、そこにあるのにはちゃんと理由があるのです。鼻毛には雑菌やウイルスなどの異物が入ってくるのを防ぐという大事な機能があります。鼻毛がなくなると、風邪をひきまくることになってしまいかねません。鼻には嗅毛と呼ばれるものもあり、それには嗅覚受容体が備わっています。もし鼻毛がなくなってしまったら？　危険なニオイも、カレーやパンのおいしい匂いもかぎ分けられなくなってしまうでしょう。ムダ毛なんて言いながら無毛にしようなんてせず、ちゃんとグレーのまま鼻毛を上手に「お手入れ」しましょうね。

閑話休題。

君も痛いのは、嫌ですよね？　私は嫌です。おそらくだれもが、痛いことはできれば避けたいと思うでしょう。でも、その痛みは身体にとっては正しいのです。ケガをすれば痛い。もしこの痛みを感じなくなれば、ケガでは済まないかもしれません。痛みを許容することができなくなってしまうこと

は、身体の機能が停止すること、つまり死を意味するのです。だれもがケガや病気で痛い思いをします。しかし身体は、痛みを発しながら確実に回復しているのです。

さて、痛みは身体的なものだけではなく心理的な痛みもあります。不安や苦悩には、心の痛みを伴います。大きな試練を前にして私たちは不安という痛みを感じます。受験にも入社にも痛みがあります。そして、日々の人づき合いにも痛みがあるでしょう。友人やクラスメイトや隣人などの人間関係は、昔からずっと私たちにとって最大の悩みになってきました。

人生は痛みの連続といえるでしょう。「痛いことからは逃げたい」という気持ちもよくわかります。が、それでは逆効果です。痛みを許し敬うことが大切なのです。私たちのだれにも身体が備わっているように、痛みとつき合える力があるのです。そして、痛みが自然とおさまるのを待ってみましょう。

「おさまる」は完治を意味しません。私も以前は、ケガも病気も「完治」して終わりだと思っていました。退院は、元の状態に戻って病院から出られることだと思いこんでいました。しかし、私自身のケガを通してわかったのは、身体は「元には戻らない」ということです。痛みが完全になくなることはあるかもしれません。しかし身体にはケガの痕が残るでしょう。激痛でなくても、痛みが続くこともあります。私のケースのように、右手が以前のように使えなくなることもあるでしょう。そのような痛みも不具も、間違いではなく正しいことなのです。しかるべき状態に身体は自然と治っていきます。私たちはそこまで待つしかありません。治った結果、身体に不具合が残ることもあります。

それでも私たちは、その身体とつき合っていくことしかできません。それが「大きな正しさ」なのです。

7 「正しさ」と感性

現代の教育では、「理解する」ことが重要とされています。先生たちは「わかりましたか？」「理解できましたか？」と聞いてきます。そして「わからない」「理解できない」は「黒星」になってしまうのが現状。しかし、理解に偏ってしまうと、世界も人間関係も「小さな正しさ」だけで構成されてしまいます。そして世界はとても貧しくなってしまいます。これは、間違いを軽蔑し間違いを許さず、「正しさ」によって相手を攻撃するような世界でもあります。

これからの時代に生きる私たちは、「大きな正しさ」を意識していきましょう。私たちは本来、「理解」ではなく「共感」でつながり合う存在です。決して理解できないこと、「カラスが白」や「氷が溶けたら春になる」も、理解できないことかもしれませんが、共感できるでしょう。そのとき世界は、とても豊かなものとして君の前に現れるでしょう。

私の人生は、手のケガのアクシデント以外にもたくさんの失敗によって導かれています。私は決して、人前で自分の成功を語りませんし、だれかの成功エピソードも聞きたくありません。失敗談が楽しいのは、共感を促すものだからです。その共感から、各々の反省が始まり、各々にとって成長の糧になるでしょう。成功談が退屈なのは、それが理解を強いるからです。内発的な学びとはならないまま、同じように成功するためのメソッドの暗記を強いるからです。

人間の知性的側面だけではなく、感性の力を取り戻していきましょう。「白黒はっきり」させなくても、「グレーなまま」でも共感はできます。確かにグレーは鮮やかではないし、なんとなくぼんやりとくすんでいますが、グレーなまま待ってみるといずれ何色にも変化して現れるでしょう。そして私たちは出現した色に感動するはずです。待てたからこそ感動できたのです。

「白黒はっきりさせる」「イエスかノーか決める」が重要なシーンもありますよね。でも「白とイエスがいつも正しい」という思いこみは、君と周りの人たちを分断してしまいます。世界と私たちをつなげるのは、知識のような「小さな正しさ」ではなく、共感できる「大きな正しさ」であると心得ておきましょうね。

8 お母さん、お父さんたちへ

私も一人の親として、我が子にケガや病気や失敗を望むことはありません。できうるなら、ケガも病気も失敗もなく、痛みや苦しみとは無縁の人生を送ってほしいものです。しかしそれがかなわぬ願いであることは、だれもが痛感していることでしょう。ケガや失敗がないように大人が先手を打って安全な道を用意するのは、本末転倒です。それでは子どもたちの身体も精神も、そして考え方も成長していきません。

「白黒はっきりさせる。イエスかノーか決めることも重要」と述べましたが、学校や家庭では、しばしばこれに一つの言葉が加わります。

「すぐに」です。

すぐに決定する。すぐに正答を出す。すぐに態度を決めるのが「勝ち」なんてプレッシャーを子どもたちにかけていませんか？　そして、決定ができないままでいる、いつまでもグズグズすることは「間違い」「失敗」で「負け」。しかし、競争社会のそんな煽りに挫けてはいけません。

赤ちゃんたちは、各々に自然に備わった自分の力でもって、立って歩くようになります。「早く立って歩いたほうが勝ち」なんて、言語道断の思いこみです。

ケガや病気でも、痛い痛いと悲鳴をあげながらも、身体は自ずとおさまるところに落ち着いていきます。「早く完治したほうが勝ち」なんて、だれも考えないでしょう。

答えが出ないままであっても、子どもたちは考えています。たとえ一問一答形式の問題では「間違い」であっても、大人たちが待てば負けが勝ちに、間違いが正しいになるでしょう。大人と子どもの関係で最も重要なことは、子どもたちの自立を待てる大人の心構えでしょう。

人間を即席培養することはできませんし、すぐに効果が出ることは身につかないものですよね。

子どもの成長は、まっすぐにはいかないものです。最速で最大の成果を出すためには「まっすぐ」がもてはやされますが、それはあくまで「物の生産」に限定されます。人間の成長にとっては、「まっすぐ」や「最速で最大」などは邪魔でしかありません。むしろ、まっすぐに育った人間ばかりになったら気味が悪いでしょう。1ミリのブレもなくまっすぐに伸びた大根や牛蒡などは、きれいに一列に並べるには好都合かもしれませんが、やっぱり気色悪いですよね。ねじれて曲がっていても、それは「正しい」牛蒡なのです。

樹木希林さん出演の映画「日日是好日《にちにちこれこうじつ》」で、禅の世界に触れた方も多いでしょう。この禅語にあります「好日」の「好」。これは、女性と子どもをかたどった会意文字です。ここで女性とは母親を指します。「好」は母が子を抱く姿を表しているのですね。

苦しいときも、母は子を抱きます。辛くて泣いているときこそ、母は子を抱きます。そんなときこそ、母は子どもを慈しんでいるのです。苦しくないときだけ、笑顔のときだけ「好き」なんて都合は、母親には通用しません。母にとって、苦しいからこそ我が子が「好き」になるのです。

我が子がかわいいのはなぜ？ イタズラをしないから？ 泣かないから？ 駄々をこねないから？

そうではないですよね。イタズラをたくさんしても、たくさん泣いても、たくさん駄々をこねても、そんな間違いなんか許せるほどに我が子は愛しいものなのです。「大きな正しさ」によって人間はここまで生きてきたのです。だれにもお母さんはいます。そして、「大きな正しさ」は母が教えてくれる「正しさ」なのですよ。

第5章

「欲」について
〜『舌切り雀』を使って〜

臨済宗相国寺派　京都市養源院　平塚景山和尚

昔話の夫婦はどちらも優しい、なんてわけじゃない。『舌切り雀』の二人が代表。山からおじいさんが連れてきたのがケガをした雀。手あてをして米を食べさせた。おじいさんは「おちょん」と名づけた。ある日、世話をおばあさんに任せ、おじいさんは仕事に。おばあさんには、雀に食わせる米などない。おちょんは腹が減って、おばあさんが米で作ったノリを食べちゃった。おばあさんは怒り心頭。おちょんの舌を切った！ おじいさんは山に帰ったおちょんを探しに。「おちょん、おちょん」。いくらかして「雀のお宿」にたどり着くと、雀たちからおもてなし。帰り際に前に置かれたのが二つのつづら。「好きなほうを選んでね」「小さいので十分」。中には宝物が詰まっていた。しかしおばあさんは、「なんで小さいほうを！？」とまた激怒。自ら「雀のお宿」に。当然、もらってくるのは大きなつづら。中に入っていたのは、お宝なんかじゃなかったね。

1 現代の子どもたちの「欲」事情

「なにか欲しいものはありますか?」

なんて聞かれたら、君はなんて答えますか? 今から1分、考えてみましょう。思いつくものをどんどん書き出していってくださいね。では、スタート!

「チクタク、チクタク」

「チクタク、チクタク」

はい、終わりです。どうだった?

「欲しいものランキング」でインターネット検索すると、「女性がもらって嬉しいものトップ10」「男性がもらって嬉しいものトップ10」なんて記事が出てきます。20代の女性たちは、「アクセサリー」「カバン」「コスメ関連」などが嬉しいらしい。男性たちには、「財布」「腕時計」「カバン」などがオススメのよう。では君はどうでしょう?「ゲーム」「ぬいぐるみ」?「靴」かな?「小説」「図鑑」は? 理科でも算数でも、勉強のための「参考書」が欲しいなんてツワモノは、いますか? 欲しいものは、性別だけではなく年代によってもずいぶん、変わってくるようですね。

もちろん、「物」ばかりではありません。「友達」だって欲しいと願います。20代後半にもなると、大人たちは「結婚相手」を欲しがります。できるだけ自分の希望にあった会社に就職するためには、「キャリア」を欲しがるでしょう。「居場所」を探す大人もいます。超絶忙しい人たちは、「時間が欲しい〜！」ともだえるかもしれません。人も時間も場所も、「肩書き」や「地位」のような抽象的なものまで、私たちはいろいろなものを欲します。もちろん、私にも欲しいものはありますが、それは後ほど。

さて、私が子どものころと比べて、君たちの周りには「限定品」「少量生産」「シリアルナンバー」が増えているように感じます。ちょっと気になっていただけなのに、「限定品」なんてメッセージが目に飛びこんできた途端、「どうしても欲しい！」ってなってしまいますよね？ これ、君だけに限ったことではありません。私たち人間は、物が買えないことより、二度とない機会を失うほうが嫌いなのです。年始の「福袋」イベントも、「物より機会」を利用した商業的な催しですね。「限定品」「少量生産」というメッセージによって、私たちは「この機会を逃してはいけない」という心理になり、「早く決めなければ」と焦ってしまいます。「在庫残りわずか」というメッセージも、この心理を利用しています。焦ることは、私たちの「欲」にとっては不健全です。「欲」そのものは、本来、快適なものなのですが、「早く！ 早く！」とあおられてしまうと、楽しむどころではありません。そして焦り始めると、「欲」にキリがなくなってしまうのです。

さっき君が挙げた「欲しいもの」リストを使って、「楽しめる？」「楽しんでいる？」と自問自答してみましょう。「すぐ欲しい」「知り合いに自慢したい」という理由は、「楽しくない」に分類しましょう。

ここで、ちょっと時代を遡ってみましょう。まだお金がない時代まで行ってみましょうか。

「ちょっと」どころではありませんでしたね。農耕文化が完成するさらにその前、狩猟が生活を成り立たせていた時代に行ってみましょう。その時代、私たちの祖先はどのような生活をしていたでしょう。狩猟によって得たものは、動物だろうが魚だろうが木の実だろうが、全てはその村で分有されるものでした。狩猟では「分ける」が基本だったのです。そして農耕文化が生まれます。農耕によってできるようになったことが、「蓄える」です。狩猟文化の獲物は、なまものばかりですよね。蓄えようと思っても腐ってしまいます。が、農耕文化での作物は蓄えが可能です。こうして、貧富の差が生まれてしまいます。しかし、それでも農作物の蓄えには限界があります。農作業も共同でしなければなりません。狩猟と農耕においては、相互扶助が欠かせませんでした。ここまでは「働かざる者、食うべからず」が通用したのです。そしてその後、貨幣が誕生します。貨幣は農作物と違い、貯蓄に限界がありません。「億万」長者なんて、貨幣がなければなろうとしてもなれません。「不労所得」という稼ぎ方も、貨幣があればこそ可能になります。そして、「欲」に際限がなくなり、「欲」が「欲」を呼びこむようになってしまいました。「欲」そのものが悪いのではないのですが、「欲」がお金に支配されてしまうと、「欲」は君を支配し、人間関係を分断してしまいます。

貨幣文化以前の人たちにとっては、「欲」は程々でしかなかったのです。自分の生活や身体を超える欲は、意識すらされませんでした。「欲しい」と思っても手に入れられない物のほうが多かったでしょう。

現在、私たちの生活は「お金なし」では成り立ちません。でも、お金に支配されてしまうと、「欲」

が苦しくなってしまいます。「欲しいものが手に入らない」ことが、辛くて苦しい憂いになってしまうのです。しかし、上手につき合うことさえできれば、「欲」は楽しくなります。「楽しい」という感覚を大切にしましょうね。

これから、どうすれば「欲」と上手くつき合えるか、いっしょに考えていきましょう。

❷ 私の「欲」エピソード

ところで、「お坊さんは無欲ですよね?」なんて聞かれることもありますが、私とてちゃんと「欲」はあります。家族ができましたので、居住空間をリフォームしたいです。いろいろ不具合が出てきましたので、新しいテレビに買い換えたいですね。でも、その余裕がないのでどちらも保留になっています。テレビ以外にも欲しいものがありますが、これらも「お気に入り」にしばらく置いて、タイミングが来るのを待っています。もしかしたら、購入しないままになるかもしれません。

私はビデオゲームもよくやります。購入の際に頼りにするのは自分の感覚です。レビューが低くても、「面白そう」と感じれば、それを購入します。ゲームの楽しみ方は人それぞれ。クリアしたゲームでも、しばらくして再びプレイすることもあります。そうすると、違った面白さが見えてくるのです。

「ゲームは時間の浪費だ」なんて意見も聞きます。プレイの楽しみではなく、かけた時間に対する成果を期待していると、「時間の無駄」に思えるのでしょうね。コストパフォーマンスに縛られた人からすれば無意味なことかもしれませんが、私たち人間はそんな無意味なことをしてしまうのです。カードゲームだって、プレイを楽しめない人からすれば、カードは紙に描かれた無意味な絵かもしれません。いずれ紙くずになってしまうかもしれません。しかし、カードそのものに価値がなくなっても、それを使ったゲームを楽しめることが大切なのです。映画や音楽も同じでしょう。娯楽の大半はその物自体に価値はありません。視聴したり鑑賞したり、遊んだりすることに価値があるのです。

欲と上手につき合える人は、物それ自体の価値よりも、それをどのように楽しむかに意義を見出します。だから、手に入らないものがあっても平然としています。私たちは決して無欲なのではなく、「手に入らないものがある」を十分に知った上で、欲しているのです。「手に入れる」ことにこだわらないので、一見すると「無欲」に見えるのでしょうね。

3 舌切り雀の「欲」

さて、ここから『舌切り雀』の考察を始めましょう。この物語では善悪がはっきりとつけられていますよね。おじいさんは良い人でおばあさんは悪い人。「おじいさんは『欲』のない人」であり「おばあさんは欲張りな人」。ここを疑って読む人は少ないのではないでしょうか。そして、「欲」のないおじいさんには、ちゃんと素敵な贈り物が与えられ、強欲なおばあさんには、ちゃんと痛いしっぺ返しが下されます。ここが『舌切り雀』の教訓となります。報恩を旨とするこのような王道の読み方も、とても大切です。

とはいえ、「欲」について十分に考察するためには、まずこの紋切り型を壊さなければなりません。私たちにとって、なによりも憂慮すべきことは、先入観や常識に囚われてしまうことなのです。まず、物語の舞台となっている時代が、今とは違うことに気づかなければなりません。「女性の立場」と「男性の立場」は対等ではありませんでした。夫婦関係でも、妻は夫に頼るところが大きかったでしょう。自由にできる貯蓄がある女性は、極めて少なかったはずです。おばあさんがどれほど努力しても、自力ではどうにもならない時代だったのです。今では想像できないほど男女不平等の時代です。もしかしたら、おばあさんの「欲張り」にも、それなりの理由があったかもしれません。そしてこのおばあさんは、おじいさんへの不満を口にしながらも、家事をサボることはありませんでした。ここにも注目しておきましょう。

いっぽうのおじいさんはどうでしょう。よく観察してみると、このおじいさん、無欲というわけではありません。おばあさんの物欲とは違う、愛欲・執着《しゅうじゃく》という欲が認められるのです。そもそも、おじいさんとおばあさんのアンバランスさに違和感を感じますよね。片や無欲といわれ、片や強欲といわれる。しかしこの二人は夫婦です。無欲だろうが強欲だろうが、たった一人でそうなったのではなく、常に二人の関係から出てきた生き方や考え方なのです。確かにおじいさんは、優しい男だったかもしれません。でも彼は、仕事よりも雀の世話を優先してしまいます。そんなおじいさんの優しさが、おばあさんにとっては、甲斐性のなさや自分勝手、無慈悲に映ったかもしれません。

さらにおじいさんは、山へ逃げてしまった雀を追いかけます。「心配していた」という理由もあるでしょうが、夫婦ならまず、おばあさんへのいたわりの言葉があってほしいですよね。でもおじいさんは、はらわたが煮えくり返っているおばあさんをほったらかしにして雀を追いかけました。いやはや、よほど雀が可愛かったのでしょうね。もしこの雀が、ケガをした可憐な女性だったら？　なんて考えると鳥肌が立ちます。おじいさんには愛欲という「欲」があったのです。仏教では、愛欲は物欲以上に危険な「欲」です。愛欲における執着は、物欲でのそれをはるかに超えてしまいます。ストーカー行為がその激しさを教えてくれます。

雀にも注目してみましょう。動物らしい本能で、禁じられているはずの米のノリを食べてしまいました。これは食欲ですね。さらに「悪い」ことに、雀たちは「つづらを選ばせる」という、不可解な行動をしました。おじいさんへの恩を返したいだけなら、しかるべきものをすっと渡せばよいはずです。おばあさんに報復したいのなら、「つづらを選ばせる」ことなどせず、直接手を下すこともできたはずです。しかも、つづらを渡すときに「家に帰るまでは開けないで」と伝えます。およそたいていの物語で、「禁止」の伝言は、「禁止が破られる」予告になります。散々、おばあさんの欲深さを見てきた雀にとって、おばあさんが途中でつづらを開けることなど、わかり切っていたことなのです。

「雀は計算高く意地悪だ」、なんて言われても仕方ないですよね。

『舌切り雀』の三者の主要人物には、それぞれ別種の「欲」があったことがわかります。そして、三者の中で「欲」に素直だったのがおばあさん。すぐに痛い目に遭ってしまうのも、イライラしてしまうのも、その素直さの表れでしょう。おばあさんは毎回、適度なタイミングで苦汁を飲まされます。ではおじいさんの「欲」はどうでしょう？　一見すると「良い人」である彼の欲は、人目につかないまま積もり積もっていきます。そして、膨張した愛欲がいつか破裂してしまったら、それは取り返しのつかないことになるでしょう。このあたりが愛欲の特徴です。

私が夫婦関係のアドバイザーなら、まずはおじいさんを諭します。「おばあさんに優しくしましょう」ってね。

4 大我の「欲」は無欲に似たり

おばあさんがそうなら、おじいさんも「強欲」なのです。強欲な人は、他人より自分を優先します。自分の「欲」を満たすためなら、他人から奪うこともいといません。おじいさんは、一見するとだれも犠牲にしていないようですが、いやいや、「ちゃんと」おばあさんが犠牲になっています。

さて、この「一見すると」に要注意です。おばあさんは傍目にもわかりやすく「欲」丸出しですね。そんなおばあさんの物欲は、満たされようが満たされなかろうが、その都度リセットされていたでしょう。物が手に入れば、一旦は満たされる。手に入らなくても、物は別の物に変わっていきます。彼女の心に溜まっていたのは、物欲よりも鬱憤や不満だったのかもしれませんよね。

いっぽうのおじいさんの「欲」は、隠されていて目立つことはありません。愛欲は一人の人（ここでは雀）に集中的に向けられます。そのため、リセットされることはありません。対象への執着はどんどん高ぶっていきます。ここまでくると、山の奥だろうが、海の底だろうが、どこまでも追いかけたでしょう。

執着の度合いからすれば、おばあさんよりもおじいさんのほうが大きいことがわかってきます。禅は、「欲」そのものよりも「執着」に注目します。本来、快適であるはずの「欲」が苦しくなってしまうのは、度外れた執着があるからです。

さて、「執着」は「大我」「小我」の二つに分けることができます。

「大我」は禅宗で使う言葉でもありますが、これをものすごく簡単にいうならば「無欲」又は「大欲」といい換えることができるでしょうか。

「無欲」は君も知っているかもしれません。「無欲恬淡」なんて使われますね。「無欲」とは「我欲・我執がゼロ」のこと。つまり執着からまったく解放されている状態が「無欲」なのです。「なにも欲さない」ではないのです。

「限定品」だろうが「少量生産」だろうが、物との出会いや物との関係を、ただ楽しめることが

「無欲」といえるでしょう。「絶対逃してはならない」とか「だれにも渡したくない」というのは我欲全開。無欲とは程遠いですね。

物だけではなく、成果や実績も大我に関係してきます。例えば、君が成し遂げた結果を、「自分がやった！　自分だけを見てくれ！」とアピールしてしまうと、無欲ではなくなってしまいます。そんな人はきっと、「成功したのは自分。失敗は他人のせい」とごまかすでしょう。無欲の行為は、行為そのものを楽しむものです。そして、成功だろうが失敗だろうが、成果自体には囚われません。どのような目覚ましい成果を出したとしても、「みんなに支えられた」という実感を持てるでしょう。これぞ「大我の欲」。ここでは「大欲」と表現しましょう。

「大欲」ですが、文字通り欲はあるものの、その目指す先は「デカい！」「デカすぎて見えない」のです。そして、その行い自体に充実感を持っているのが「大欲」です。なにかを行うにしても、評価や褒賞のような成果は二の次です。たまたま好成績が出たとしても、「自分一人で成し遂げた」という発言など、出てこないでしょう。大我の人物は焦りません。ゆったりと構えて、すべきことを弛まずやり続けるでしょう。失敗してもめげません。なぜなら「すべきことをする」だけで欲は満たされているからです。

5 大欲の偉人はだれ？

「大欲」について、歴史上の偉人たちを参考にしてみるのもよいですね。戦国時代、天下平定を目指した人物として有名な織田信長、豊臣秀吉、徳川家康。この三人で「大欲」について考察してみるのも面白そうですね。実際に彼らにあったことはないので、物語からの推察になるでしょうが、家康が旗印にしていた「厭離穢土欣求浄土」には、世の中を安んじたいという大欲が見て取れるでしょう。きっと、自分の名を揚げることより、国家安泰という「おそろしくデカい」ところを目指していたのでしょう。最終的に家康は江戸幕府を開きましたが、もしかしたら結果がどうなろうと彼には関係なかったのかもしれません。信長の「天下布武」はどうですかね？ そして秀吉の「総金の旗印」はどうでしょうね？ 君はどう考えますか？

そしてもう一つの「小我」こそ、憂うべき「欲」です。小我は他人を貪り、同時に自分も貪ります。物の購入においても「他人より自分」。勝つためには、他人を蹴落とす。成功したら「自分がやった」、失敗したら「他人がやった」。こうして、自ら他人とのつながりを断絶していきます。小我の人は、「自分が中心」「自分だけ大事」と考えながら、自分を苦しめてしまうのです。しかも、他人を傷つけながら自分も傷ついてしまいます。目先の利益を優先させるので、大きなことは決して成し遂げられません（ちなみに、「小我」と「小欲」はまったく違います）。

「大欲」は「欲がデカい」、「小我の欲」は「欲がセコい」のですね。

さて、ここで君に伝えたいのが「大欲は無欲に似たり」です。「大欲」「強欲」は同じように見えて、まるで違います。「大欲」は大我の欲、強欲は小我の欲。『舌切り雀』では、だれもがみんな小我の塊でした。大欲は「欲」が無いわけではありませんが、その「欲」が追い求めるのは、はるか先にあります。だから、結果がどうなっても楽しいでしょうし、そもそも結果など見ていません。だから、ほとんど無欲に近くなってしまうのでしょう。

私は家康をモデルにしましたが、君にも、君が認める大欲の偉人がいるはずです。だれでしょう？　仲間たちと欲談義をしてみてくださいね。

6 立ちどまる

ところで、私たちが見える範囲には限界があります。このような限界があるからこそ、目標でも成果でも、私たちは「目に見える」に囚われてしまいます。

視覚だけでなく、「欲」についても同じことが言えます。「目移りする」なんて、的を射た表現がありますよね。「すぐ」に欲しい物は次から次へと現れます。しかし、「すぐ」が満たされたからといって、「欲」が止まるわけではありません。即座に次の「すぐ」が目に飛びこんでくるでしょう。「すぐ」「すぐ」と追い立てられてしまう「欲」は、「ずっと」続いてしまうのです。

「すぐ」はすぐで終わらず「ずっと」永続するなんて、まったく情け容赦ない道理ですよね。この道理には、貧富は無関係です。いやむしろ、お金持ちのほうがこの道理に悩まされてしまいやすいのです。

私が担当している坐禅会には、セレブと呼ばれる富裕層の人たちも参加されます。中には「満足感がない」ことに苦しむ人もいます。一見すると、高価な物に囲まれた不自由も不足もない暮らしぶりです。物に限定すれば、彼らには「手に入らない物」はほとんどありません。しかし、このような状況だからこそ小我が暴走しやすく、精神的に欠乏してしまうのです。

大切なことは、「手に入る」より「手に入らない」から学べます。この大事を知る人は、たとえ手に入ったとしてもそれに執着しないですし、手に入らないことにも執着しません。つまるところ、どちらでもよいのです。さらに突き詰めれば、私たちがなにを持っていようが、なに一つ自分の所有物にはなりません。服もカバンもアクセサリーも本もおもちゃも、永遠不変ではありませんし、所有者が死んでしまえばただのゴミになるかもしれません。だからといって、「なにも欲さない」のがよいわけではありません。その無常の理を知った上でそれを欲して、楽しめばよいのです。それができるのが大我の人です。

君自身を振り返ってみて、「すぐ」と「ずっと」に縛られたままの「欲」はありますか？　きっとあると思います。私にも思い当たります。だれだって、限定品は、「欲しい！」と思ってしまうものです。思い返せば、人類が２０００年を迎えるにあたって、どれほどのミレニアム記念品が生産されたでしょう。そして、「今すぐ購入！」「限定２０００個！」にあおられて買ったその記念品を20年以上も経った今も愛用している人は、何人くらいいるでしょうね？

「すぐ」と「ずっと」には、よくよく注意しなければなりません。とはいえ、「注意しなければ」と、常に張り詰めたような気持ちでいても楽しくありません。「欲」と上手につき合うためには、立ちどまる習慣が大事なのです。

レジャーも立ちどまる習慣の一つです。月に一度、どれほど忙しくても必ずキャンプに行く知人がいます。習慣にしてしまっているので、その前日どれほど疲れていたとしても、身体がキャンプへと動いてしまうそうです。キャンプはよいですね。「すぐに決断！」の日常から少し身を離して、「本当に不足しているのか？」「本当に欲しいのか？」「自分のすべきことはなにか？」と反省してみましょう。

音楽や映画の鑑賞、あるいは散策もよいですね。日々の定時の喫茶も立ちどまる習慣になります。緑茶でも紅茶でもコーヒーでも、自分が好きなものを習慣にしましょう。そしてお茶を飲みながら、余裕のある気持ちで反省してみましょう。

他にも様々な立ちどまる習慣は考えられます。この習慣のポイントは二つ。引きずり続ける思考を遮断することと、頭ではなく身体を信頼することです。身体に素直になることです。ですから、「立ちどまる」は比喩なのですが、身体ごと立ちどまってみましょうね。頭は妄想も現実にしてしまいます。だから欲を引きずってしまうのです。

キャンプもコーヒーもいいけど、坐禅もね！　立ちどまることで、ある意味強制的に引きずっている思考を遮断してしまいましょう。

私たち現代人は、とかく頭ばかりに偏って、身体を忘れてしまいがちです。しかし、身体には「加減」がつきものです。頭はしばしば加減を見失ってしまいますが、「いい加減」をわきまえている身体にとっては、「欲」もそれに応じて常に「いい加減」であるはず。身体を頼りにすれば、自ずと「欲」とも上手につき合えるようになりますよ。

7 「欲」と感性

身体には限界があります。首を回すにも、胃袋のキャパシティにも限界があります。身長だって、人間は3メートルには届かない。走る速さだって、チーターやウサギのようにはいきません。ですから、「欲にはキリがない」のは頭の問題で、本来の「欲」にはキリがあるのです。

ところで、この「いい加減」なるものですが、身体によって異なります。ということは、人によって「どの加減がいいのか」はバラバラなのです。ですから加減を決められるのは、あくまでも自分だけ。「いい加減にしなさい！」なんて怒られたりすると、なんとなくモヤモヤしませんか？　腹が立ってしまうかもしれませんよね？　それは当然です。これこそ「君に言われる筋合いではない」のです。「それは君のいい加減かもしれませんが、私のいい加減ではありません！」なんて反論もできますよね？　人から命じられたり禁止されたりしても、「いい加減」にはならないのです。ですから、「いい加減にしなさい！」なんて怒鳴られる前に、「いい加減にしよう」と自ら決断し動いてくださいね。

「いい加減」は、自分の経験に基づく感覚です。経験が大事なのです。いきすぎたことがあったり、全然足りなかったり、失敗があったり成功があったり。そんな経験の積み重ねを通してようやく「いい加減」を知ることができるようになるでしょう。繰り返しになりますが、それを知るのは身体であって、頭ではありません。

8 子どもたちへ

「欲」そのものは決して悪いものではありませんし、「欲張ってはダメだ！」と緊張することもありません。気持ちを楽にして、「欲」を楽しんでください。「欲」によって苦しんでしまうのは、執着するからです。執着に縛られた「欲」はセコくなってしまいます。

目先の利益を追いかけ続けると、「欲」は君を支配し、君を苦しめます。「手に入らない」ことで苛立ち、「あいつにはあって自分にはない」と妬むようになるでしょう。「なにかを持ちたい」「なにかを成し遂げたい」という「欲」は、自然なものです。でも、どれほどの大枚をはたいて購入した物だろうが、どれほどの輝かしい成果だろうが、それに執着していては自分が苦しくなってしまいます。あっさり手放してしまったほうが、その物や成果とも楽しくつき合えるでしょうし、果たして「欲」とも上手につき合えるようになるのです。

とはいえ、「執着するな!」なんて説かれても、やっぱり人間は執着してしまうのです。だからこそ、立ちどまって自分の加減を反省してみましょう。自分の加減を知るためには「経験が大事」と書きましたが、「失敗が大事」と言い切ったほうがよいですね。成功だけでは加減はわかりません。失敗を通して私たちは、自分のいい加減を知り、「自分の手に入らない」ことを学ぶでしょう。

執着を手放し、損得などに縛られず、失敗しても成功したときのように楽しくすべきことを果たせるようになってください。『舌切り雀』には模範はいませんでしたが、どうか大欲の人になってくださいね。

第6章

「工夫」について
〜『鶴の恩返し』を使って〜

臨済宗南禅寺派　左京区正的院　大森良純和尚

どうにも切ない日本昔話といえば、『鶴の恩返し』。ある雪国の山村で暮らすおじいさんとおばあさん。山仕事の帰り道、おじいさんはワナにかかった鶴を助けた。おばあさんとことの始終を話していたとき、「トントン」と扉を叩く音。一人の娘が立っていた。道に迷ったそうだ。二人は娘を家に招き入れた。翌朝、娘は朝ごはんを作ろうとしたが、家には米もミソもない。そして娘はおばあさんの機織り部屋に入っていった。「キートン、カラ。キートンカラ」。起きてきた二人に娘が反物を差し出して言うには、「これを売ってください」。「なんて美しい」。反物は高値で売れた。その夜から娘は反物を織り続けた。「決して部屋の中を見ないで」とお願いして。ところが、反物ができるたびに娘はやせ細っていく。おじいさんは心配で、とうとう部屋をのぞいてしまった。そこにいたのは自分が助けた鶴。「もうここにはいられません」、と鶴は飛び去った。

1 現代の子どもたちの「工夫」事情

便利な時代になりました。便利がもてはやされる、あるいは便利に侵された時代ともいえるでしょう。「なんでも手軽に手に入る」時代に君も私も生きています。テレビやインターネットが普及して、すぐに情報にアクセスできます。ユーチューブでは、手取り足取り詳しく解説してくれます。失敗をしないように最大限の配慮がされていますし、そのような動画だから視聴数も稼げます。家電や携帯電話、家具や君たちが手にする教科書や参考書、さらにオモチャにまで、ありとあらゆる「便利な機能」が生み出されています。どうやら、「不便を解消する」ことが企業の至上命令となっているようですね。

こうして私たちには、便利ツールを頼みにする癖ができてしまいました。不便があったら自分で工夫するのではなく、その不便を解消する商品やアイディアを探してしまうのです。そんな自分に思い当たりませんか？　こうして、私たちは失敗ができなくなりました。同時に、「工夫」もできなくなりました。

とはいえ、「工夫」の余地が一切なくなってしまったわけではありません。工夫するレンジが変わったのです。つまり、便利な物も使い方次第なのです。あえて不便な状況を作り出すことも、「工夫」の一つでしょうが、「便利な物をいかに工夫するか」も大事ですよね。

私が子どものころのオモチャは、君たちのオモチャとはまるで違いました。テレビヒーローたちのアイテムなど商品にはなっていません。なっていても、それを買える子どもはごく少数でした。大半の子どもたちは、そこら辺にある布や紙、そして棒切れなどを使ってヒーローごっこをしていたのです。君はどうでしたか？　確かにアイテムは、テレビのヒーロー本人が身につけているレベルに上等な仕上がりになっています。だからといって、君たちはそのアイテムを後生大事に隠していましたか？　ただ自慢するために？？　いやいや、きっと、ときには雑に扱いながら、ちゃんと遊びに使いましたよね。ヒーローと悪役が戦う場所も、その場その場で創作されます。既定路線のルールを使いながらも、そのとき、その場所、あらゆる状況に合わせて、ルールも変わってしまいます。世界観の違うヒーローたちが集って、剣を振るわず魔法も使わず、追いかけっこをすることもありますよね。

どうやら、ジャンルやタイトルにこだわり、「大事にする」を誤解して、収集したまま遊べないのは私たち大人のようです。

そもそも「工夫」は禅の言葉。一所懸命、修行をすることを意味しています。そして、私たち禅僧は、坐禅をすることを「静中《じょうちゅう》の工夫」、掃除や炊事や農作業をすることを「動中《どうちゅう》の工夫」と呼んでいます。

② 私の「工夫」エピソード

ところで、君にはどんな趣味がありますか？　私はバイクとスノーボードが好きです。学生時代には、バイクに乗って日本一周をしました。他にも色々と、趣味は多いと思います。それらのアクティビティでは、「いかに楽しむか」を大切にしています。上手くバイクに乗ることも、上手く気持ちよく雪面を滑走することも大事です。でも、上手くなるために工夫し続けることも、同じように楽しいのです。だから、滑って転んでも、楽しいのです。工夫しているから、負けても楽しいのです。上手くできたから褒めてほしいという気持ちもわかりますが、それ以上に楽しめる秘訣が「工夫」なのですよ。

スノーボードでは、そのときの雪質や斜面に合わせて、どのタイミングでどのように体重移動すればよいか、トライアンドエラーを繰り返しています。書籍や動画などで知識はあっても、できない自分に歯がゆい思いをするばかりです。しかし、イメージ通りにはいかないからこそ、「工夫」ができるのです。しかも「工夫」について、どこをどうすればよいか書かれている書物はありません。書かれているのは、すでに完成した答えでしかありません。「工夫」は自分でやるしかありません。

ところで、私は今、4歳児と1歳児の子育て中です。いやはや、育児こそ「工夫」の連続ですね。あれやこれやと、自分なりに工夫し、結果として右往左往してしまいます。ＳＮＳやユーチューブや書籍には、もはや無数ともいえる育児テクニックが出回っています。私も大いにそれらのテクニックを参考にしています。全部を見切れるものではないので、ある意味直感的に、ある意味精査しながら、うちの子どもたちにどうするのがよいのか、試行錯誤しています。はてさて、現状の私の心境としては、「妻への感心と感謝」に尽きるでしょう。

禅的に言えば、「日常すべてが工夫」なのです。育児や趣味だけではなく、日常のあらゆるシーンに「工夫」があるのです。「箒を持って掃除するときは箒になり切り、雑巾を持てば雑巾になり切る」なんて、よく言われます。

修行道場では、このあたりを徹底的に鍛えられます。何事も、一所懸命にやり切ることが大事なのです。

例えば、掃除。今や、掃除機が当たり前の時代。もしかしたら、君の家には、自動で掃除をしてくれるAIを搭載した家庭用お掃除ロボットがいるかもしれませんね。箒や雑巾がある家は少ないでしょう。修行道場に入門した当初、私もまた、上手く箒を扱えず、スピードも遅く、どうにもきれいにし切れていませんでした。もちろん、先輩たちからは散々に叱られました。しかし、自分なりに「工夫」を重ねることで、箒がぴたりと自分の身体に一体化するようになりました。結果として、素早くきれいに仕上げることができるようになったのです。面白いことに、僧堂の先輩たちは、その頑張りを褒めてくれることなどありません。「工夫」とは自分でするものであり、そしてその結果もまた自分で納得すればよいと見切っているのでしょうね。

なぜこんな時代にわざわざ箒で掃除をするのか？　そんな疑念もよくわかります。それは「工夫」ができるからです。そして「工夫」ができるからこそ、君は人生を一所懸命に生き、人生を楽しめるようになるのです。

❸ 茶の湯の先人たちの「工夫」

茶の湯の大成者として名高い千利休は、師匠である武野紹鷗のもとで修業していたとき、露地の掃除を命じられたそうです。

清掃し終わりまして、紹鷗に点検をしてもらったところ、「もう一度掃除しろ」と命じられたのです。そこで利休は、落ち葉一つない庭に出て、一本の木を揺すってわざと4、5枚の葉を落として、再度紹鷗に確認してもらいました。ここにでき上がったものが「侘びの境界」です。

「鳥啼いて山更に幽なり」、これは茶席の禅語として有名です。中国の詩人王籍の作品『入若耶溪』からの抜粋です。「一羽の鳥が鳴くことで山の静けさが際立つ」を意味します。4、5枚の落ち葉によって、庭の美しさがより際立つのです。利休らしい「工夫」のエピソードですね。

戦国時代から江戸にかけての武将であり茶人である古田織部は、ある日、なにかよい茶碗ができないものかと悩んでいたそうです。そして、「これも駄目だ！」と焼く前の茶碗を手でつぶしてしまったそうです。その歪みに美を認めてできたのが、沓茶碗の元なのです。怪我の功名ともいえるでしょうが、これは織部が、どうしようもなく追いこまれてしまうまで、悩みに悩み抜いた末の工夫ともいえるでしょう。まさに、「へうげもの」の名に相応しいですね。『へうげもの』という漫画、君は知っています？

4 『鶴の恩返し』の「工夫」

さて、『鶴の恩返し』は、「ワナにかかった鶴が、助けてくれたおじいさんの家に人の姿で現れ、自分の羽で機を織り、恩を返す」話ですね。昔話「あるある」ですが、『鶴の恩返し』にも様々なバリエーションがあります。鶴を助けたのがおじいさんではなく若者であることも。大半の話では、本当の姿を見られた鶴はおじいさんの元を去ってフィナーレになりますが、残酷なことにおじいさんは鶴を食べるために連れて帰ったとか、後日談にも様々なバリエーションがありますね。私がベースにした話は「おじいさん・鶴は飛び去る」ものです。

さて、タイトルにある通り、この話の核心には「恩返し」があります。

鶴という生き物が自分を助けてくれた人間に、どのように恩を返すのか？　ここに鶴の「工夫」が認められます。きっと、恩を返すため、「自分になにができるか？」、あれやこれやと頭をひねったことでしょう。金銭の貸し借りなら、そんな悩みも「工夫」も無用です。借りた分だけお金で返せばよいのですから。しかし、恩返しになるとなかなか悩ましいですね。自分で工夫して答えを出すしかありません。そして鶴は、自分で答えを出して行動に移しました。それが「自分の美しい羽を使い、布を織る」だったのです。

きっと鶴には、自分の羽しか使えるものがなかったのでしょう。ないところに期待するのではなく、あるもので、見栄を張らずに、できる限りのことをする。これこそ「工夫」の模範になるでしょう。しかも、鶴は自分の姿を変えて、おじいさんに「あの鶴だ！」と悟られないようにしました。きっと、鶴だとわかってしまったら、この優しいおじいさんはなにも受け取らなかったでしょう。こうして、恩返しが恩着せがましくならないように、返す恩をごく自然に受け取ってもらえるように、鶴は考え抜いたのです。「部屋をのぞかないでください」という話の仕掛けには、種々様々な解釈ができると思いますが、私はここにも鶴の「工夫」を認めます。恩を返そうという気持ちは、相手に気づかせないほうがよいのです。もしそれに気づかれてしまったら、気持ちではなく、恩返しの成否を確認しなければならない羽目に陥ってしまったでしょう。それは、自分の身をいとわない灰汁の抜け切った純粋な気持ちに、「苦しみ」が生まれるきっかけになってしまうのです。

これを邪念というのです。そしてこの邪念が、「工夫」の障害となってしまうのです。私たちの身に置き換えてみましょう。自分が成し遂げた素晴らしい成果、見せびらかしたくなりますよね？

「自分がやった！」「すごいでしょ？」なんて自慢したくなりますよね？　ＳＮＳではきっと、たくさんの「いいね！」をもらえるはず。だったらアピールせずにはいられないですよね？

「はい！」と答えてしまう人もいるでしょう。それは決して悪いことではありません。数々の邪念がありますが、お金や名声や承認欲求もそうです。プライドもその一つです。それらを求めてしまうことを否定はしません。ただ、そのような邪念によって、自分の行為そのものよりも優先すべきことが生まれてしまい、結果として、行っていることが楽しくなくなり、また、一所懸命ではなくなってしまうことは、確かなのです。

恩を感じている人に、君はどのように恩返ししようと思いますか？　もし、その人がすでに亡くなってしまっていたら、どうしましょう？「返す」相手が多数で特定できないことも考えられます。そのため、仏教は「恩を返す」のではなく「恩に報いる」ことを示します。

何事にも第一歩には、いろんな不安がつきまといます。不安は不安を呼びこみ、考え続ければ続けるほど実行に移せなくなります。だから鶴は、「とりあえずやってみよう！」という覚悟をしたはず。鶴には、決着点など見えていなかったのです。おじいさんがどんな反応をするかわからないし、結果がどうなるかはわからない。わからないのはもう考えても仕方ないから、とりあえずやってみて、あとは成り行きで工夫していく。そんな鶴だからこそ、一所懸命やり切ることができました。

しかも自分の行いを後に残すことなく、サッと飛び去ったのも見事です。自分の行いに対して、評価や功績などの見返りを求めてしまう心は、私たちのだれにも認められるところ。この「見返り」を求めると、もはや無功徳。「功徳」を積むことにはなりません。

「功徳」に関する有名な逸話があるので紹介しましょう。

君の家に「だるまさん」はいますか？「だるまさん」は、実在の僧侶、禅宗の祖である達磨大師がモデル。彼は晩年、中国での布教に努めました。そして西暦５２０年、梁国にいた達磨大師と梁の武帝は対面します。武帝は達磨大師に、「朕、即位以来、寺を作り、経を写し、僧を度すること、挙げて記すべからず。何の功徳かある（私は即位して以来、多くの寺院を建て、写経もし、数多の僧尼を供養してきた。どれくらいの功徳になっているか？）」と尋ねられました。仏心天子と呼ばれるほど篤く仏教に帰依していた武帝です。そんな自分の行いに対して、少なからず自負心があったのでしょう。そして、達磨大師に認められたいという下心もあったかもしれません。しかし達磨大師は一言、「無功徳」と返したのでした。

武帝の立場と財産をもってすれば、望むことはなんでもかなったでしょう。寺院建立も同じです。しかし行為それ自体ではなく、功徳を求めるが故の寺院建立であれば、やはり一所懸命ではないのです。きっと、武帝の信仰心も篤かったのでしょう。しかし、業績として歴史に名を刻みたいという野心もまた、どうしようもなく漏れ出てしまっていたのでしょう。このあたりを達磨大師に見抜かれたのでしょうね。

見返りを求める心は「工夫」の障害になります。達磨大師は、「無功徳」と一蹴することで、武帝が後生大事に持っているプライドを木っ端微塵にしたのでしょう。私たちにも、そんな邪魔なプライド、ありますよね？「あれもしたこれもした」なんて鼻にかけたり、「こんなことをした」と恩に着せたりするようでは、行為そのものを楽しむことはできません。

君はなにかを始める前に、成果や意味を知りたくなりませんか？それでもよいでしょう。でも、成果に縛られて始めることは、心から楽しめません。失敗できないからです。

5 「やる！」と決めてしまう

人間はとても優秀で、「やらない理由」は無限にひねり出せるようです。「失敗できない」はその最大の理由です。今日の君はどうでしたか？「やっても無意味」「他が優先」など、「やらない理由」でどれだけ頭を使いましたか？いっぽうで「やる」理由などで悩んだりしないのも、優れたところです。「やる！」と決めるのに理由は不要なのです。

腹を決めてやり始めてしまえば、あとは工夫しながらやり切るだけです。失敗や成功や目標得点など二の次です。ただ一所懸命にやればよい。一所懸命にやることは、成果を出すこととは別次元です。一所懸命にやった結果、良い成果が出ることもあるでしょう。でも失敗に終わっても「一所懸命」が汚されるわけではありません。

我が子の成長を見ながら実感しています。子どもたちは「工夫」の天才ですね。生まれてなにもわからない状態から、だれかが教えることもなく、手足が動くのを認識し、寝返り、おっちん、ずりばいからはいはい、つかまり立ちを覚え、つたい歩き、自立し、そして遂に歩けるようになります。この間、子どもたちはトライアンドエラーを繰り返します。できないからといって、拗ねたり不平を言ったりしません。この試行錯誤を苦行とも思いません。大人からするとずいぶん努力しているように見受けられますが、自分が努力しているなんて思ってもいないでしょう。ただただ、トライアンドエラーを繰り返します。もちろん、君たちも同じように、工夫しながら成長してきたのです。自信を持ってください。

「掃除」一つとっても「工夫」が許されます。自ら進んでしたくない掃除もあるでしょう。特に、トイレ掃除は嫌われます。君はどうですか？　進んで手を挙げられますか？　でも、こんな汚れ仕事にこそ「工夫」の可能性が潜んでいるのです。嫌われる仕事だろうが、仕方なくする仕事だろうが、工夫することで仕事が受け身から主体へと、１８０度ガラリと転回するのです。

主体的であることを、禅では「主人公」といいます。臨済宗の祖である臨済義玄禅師の言行録『臨済録』に、「随処作主《ずいしょにしゅとなれば》、立処皆真《りっしょみなしんなり》（随処に主となれば、立処皆な真なり）」という一節があります。

どんな立場だろうが役割だろうが、たとえ日陰の雑草のような役目だろうが、ただ一所懸命になれることが「主人公」です。ドラマや映画で目立ちまくる主人公とは、ちょっと趣が違いますね。

トイレ掃除を先延ばしにしたい、できれば他のだれかに任せて自分だけは逃れたい。そんな気持ちになることもあるでしょう。そして、「やるかやらないか」の岐路に立たされると、私たちの脳みそは「やらない理由」を作り出すことに全力を出します。「やる！」へ進む理由など、そもそもないのです。こうして私たちは、「工夫」の機会を失ってしまいます。

ケガなどの具体的な危険が予想されるときは、私たちは悩みません。そんな状況では二択にもなっていません。「やるかやらないか」迫られるときは、「やる」から逃げたいと思っているのです。だからこそ、「やる！」と覚悟してしまいましょう。

トイレ掃除も、グダグダ考えこまずに、始めてしまえばよいのです。そして、いかに丁寧にいかに早く、いかにきれいにするか工夫してみましょう。トイレ掃除すら楽しめる人は、たいていのことを楽しめるようになります。そして、そんな君の姿は相当に評価されるはずです。

始める前に、逃げる言いわけを作る。これは君に限ったことではありません。人間の本性ともいえるでしょう。言いわけは後から、後からどんどん出てきて、ますます先に進めなくなります。これって楽しくないですよね？　人間の本性と上手くつき合っていきましょう。とりあえず始めてしまいましょうか。始めてから「工夫」をするのです。工夫すれば主体的になり、一所懸命になり、楽しくなる。これもまた人間の本性なのです。

❻ いかに勉強を楽しむか「工夫」をする

さて、君たちにとってトイレ掃除より嫌なことがあるかもしれません。勉強です。より具体的に言えば、宿題のような「やらされる勉強」。でも、それを「自ら進んでやる」に変えてしまえるのが「工夫」なのです。高得点を取りたい、褒められたい。そんな気持ちも大切です。しかしそれ以上に、勉強を楽しむ「工夫」をしていきましょう。

「仕事と違って、勉強は必ず結果がついてくる」そんな激励を受けたことはありませんか？ 確かに、勉強はやればちゃんと結果がでます。仕事は、やっても結果が出ないことも、あまつさえ結果が出ても無視されてしまうこともあります。だから「勉強、頑張れ！」という大人の理屈でしょう。でも、これは結果に支配されてしまった考え方です。行為より結果が優先されるから、「工夫」もできなくなり、楽しめなくなる。結果に惑わされなければ、結果が伴わない仕事でも楽しめるようになります。「結果として」、そんな仕事をする人は評価され、重要な仕事を任されるようになるでしょうね。

満点が取れましたか？ よく頑張りましたね。でも、「すごいでしょ？」アピールなどいりません。

そんなアピールを、満点でなくてもしますか？　嫌な勉強でも工夫しながら頑張った姿は、アピールできないことですが、君だけはそれを知っているのです。

7「工夫」と感性

君も私も自己流の「工夫」しかできません。それでよいのです。だからこそ、「工夫」は自己表現になるのです。だれもが、それぞれの立場で最大限にできることをする。だれにも限界があるけれども、自由なのです。それが「工夫」というものでしょう。

冒頭で「動中の工夫・静中の工夫」を紹介しました。これをフレーズで紹介しましょう。「動中《どうちゅう》の工夫は静中《じょうちゅう》に勝ること百千万億倍《ひゃくせんまんのくばい》す」です。静中の「工夫」もときには必要なのですが、やはり動中の「工夫」に勝るものはないのです。私たち禅僧にとっては、動中は、托鉢や掃除や畑仕事、薪割などになります。僧堂での修行生活では、薪で米や風呂を炊きます。入門したてのころは、風呂を炊くのにもかなり時間がかかっていました。そこに先輩がやってきて、ちょちょいと薪を組み替えるとすぐに炊きあがるのです。先輩は一言、「工夫が足りん」。

「工夫」とは、頭だけで考えるものではありません。どれほど入念なイメージをしても失敗するのが動中。実際の生活の中で現れるのが工夫です。その「工夫」は人それぞれです。頭であれこれ考えても良い「工夫」にはなりません。「ちょちょいと薪を組み替える」ことは教えてもらうことはできないのです。

君たちにとって動中とは、なんでしょうね？　部活動や課外活動も動中です。家ではお手伝いをしていますか？　それらも動中。そしてなによりも、勉強をすることが動中になるでしょう。「仕方ない」上等じゃないですか。やると腹をくくればよいのです。「やる！」に飛びこんでしまいましょう。行為の「良し悪し」は結果にあるのではありません。一所懸命な姿こそ尊いのです。

8　お母さん、お父さんたちへ

親や教師ならだれでも、自分の子どもや生徒たちに、命じたり禁止したりすることはあるでしょう。彼らに対して、どうしようもない苛立ちや歯がゆさを感じてしまうこともありますよね。でも、そんなときこそ、我が身を振り返ってください。「宿題やったの？」と業を煮やす前に、「授業に集中しなさい！」と雷を落とす前に自分自身を反省してみましょう。子どもたちは、自ら仕事を楽しむことなく、楽しむための「工夫」をしない大人の真似をしているのかもしれません。

与えられることに慣れ切っていませんか？　困難すら自分の選択であることを忘れていませんか？

やる前にやらない理由を考えていませんか？　楽しむ「工夫」をしていますか？　自分は動かないまま、他人に命じてばかりではいませんか？

たとえ、「お金のため」という受動的な理由で仕事をしていたとしても、それを決めたのは自分自身です。決めたらやりましょう。そして、やり始めたらブツブツ文句を言わず、主体的に楽しめるように工夫する。工夫することは、仕事を通して自己表現することです。そうなればしめたもの。どれほど難しいことでも、成果に執着せず、最後までやり切れるでしょう。

「工夫」は自分の外ではなく、内に向かって求めなければなりません。どんな「工夫」をするかには、必ず自分が表れてしまうのです。だからこそ「工夫」が大事なのです。苦しいこと、退屈なこと、面倒なことだからこそ、「工夫」のチャンスです「嫌なことでもがまんしなさい」と子どもたちを指導するのは、ほどほどにしておきましょう。それでは「工夫」はできません。自己表現もできません。繰り返しますが、「工夫」によって良い結果が出るかもしれませんが、それはたまたま。「工夫」をすること自体に意義があるのです。

私たち人間は、やる理由よりやらない理由に脳を稼働させる傾向があります。今日の我が身を振り返ってみてください。「なぜやるのか？」なんて考えましたか？「なぜやらないのか？」で脳を奮いませんでしたか？　昨日は？　先週はどうですか？

これは特別なことではありません。私たち人間に共通する傾向なのです。処方箋はただ一つ。「やる！」と決めてしまうんです。

「やる！」に飛びこんでしまいましょう。こうしてようやく、「工夫」が可能になるのです。やらずに怒られるくらいなら、やって怒られたほうがよいですよ。やらずに後悔するより、失敗して悔し涙を流したほうがよいですよ。何度、トライアンドエラーを繰り返してもよいのです。恥となるのは失敗ではありません。工夫すればこそ、つまらないと思っていた仕事の中に、楽しさが必ず見つかります。そして、「工夫」を通して、自分という人間の本質が徐々に見えてくるでしょう。

何事もなんとかなるし、なるようにしかならない。「なるようにしかならない」のは結果です。「なんとかなる」のが工夫です。結果自体が残念なことであったとしても、そこまでの道中に「工夫」があれば、「楽しい！」と実感できるでしょう。

楽しく生きていきましょう。人生楽しむためには、与えられることを期待してはいけません。なくてもないままあるもので、自分自身で「工夫」するから楽しいのです。

そして、大人たちのそんな姿を見ていたら、必ずや、子どもたちは、親や教師が望むような、何事にも主体的かつ誠実に全力で挑む人間になるでしょう。「宿題やったか！」なんて青筋立てることなどない日々を続けたいですね。

第7章

「バランス」について
～『金太郎』を使って～

臨済宗円覚寺派　横浜市正福寺　松原行樹和尚

「まさかりかついできんたろう。くまにまたがりおうまのけいこ」。足柄山の山奥で動物たちといっしょに育った快男児、これが童謡の主人公、金太郎。友達といえば、シカやサルやウサギなど。遊びといえば、基本は相撲。秋のある日。金太郎と動物たちは向かいの山に栗拾いへ。ところが先日の嵐で山と山をつなぐ橋が壊れてしまっていた。そこで金太郎は、橋の側に立っていた木を「う～ん！う～ん！！」と力任せに押し始める。そしてとうとう、ドーン！木は倒れ、これが橋の代わりに。さて栗拾いを始めた金太郎一行。いつの間にかクマのテリトリーに侵入してしまった。そして、やっぱり出てしまった大きなクマ。クマは吠える。金太郎は動じず。「よし！相撲で勝負だ！」とがっぷり四つに。果たしてクマを投げ飛ばした金太郎に、軍配！こうして暴れん坊のクマとも仲良しになってしまった。この金太郎、成人して坂田金時というとても強い侍になったとさ。

❶ 現代人の「バランス」事情

「バランス」って難しいですよね？

「バランス」と聞いて、君はなにを思い浮かべるでしょうか。

食事の「バランス」？　お肉ばかり食べずに、野菜もきちんと食べていますか？　生活の「バランス」？　きちんと太陽の動きに合った生活をしていますか？　ライフワーク・バランスという言葉も生まれましたね。

私がまず注目するのは「心身のバランス」です。
円覚寺派の横田南嶺管長が「調五事」ついて以前、お話をされました。「調食」「調眠」「調身」「調息」「調心」の五つの大事のことでして、「心身のバランス」のための実践項目です。順に、「適度な食事」「適度な睡眠」「身体をととのえる」「呼吸をととのえる」「心をととのえる」です。とりわけ重要なことが、「調食」「調眠」なのです。「適度な食事」「適度な睡眠」なんて、あまりにも基本的で意識するまでもないかもしれません。しかし、この「調食」「調眠」がわざわざ説かれたということは、裏を返せばそれだけ私たちが、食事と睡眠を疎かにしてしまうということでしょう。今のように産業が発達して夜でも昼のような生活ができるようになったから、食事と睡眠がアンバランスになったのだろう、と私は考えていましたが、どうやらそうではなさそうです。今も昔も、「適度な食事」

「適度な睡眠」は生活の大事。それにもかかわらず、絶え間なく説かれているほどに、「バランス」は難しいのでしょう。

さて、先日のことです。深夜、小用で起きたら居間で勉強をしている息子を発見してしまったのです。

「寝なくていいの?」

と声をかけると、

「明日のテスト勉強で徹夜になる」

との返事。今はもう徹夜なんて無理はできなくなってしまいましたが、私も高校生大学生のころには徹夜の経験もあります。徹夜もまた一つの人生経験なのでしょうね。しかし翌日、息子は魂も抜けてしまったかのようにぐったりとしていました。

テストという苦難を同じように乗り越えた息子と私ですが、私が学生のころと比べて大きく違っていることがあります。生活のスピードです。

新幹線を例にしてみましょう。1964年、新幹線が東京と新大阪間で開業しました。所要時間は4時間。翌年、区間のすべての整備が完了し、ひかりを利用すれば東京から新大阪まで3時間10分で到着できるようになりました。さらに開発は進み1992年、のぞみが登場します。東京新大阪間は

2時間半にまで短縮されました。のぞみが走る前は、私は道中にいくばくかの仮眠をし、さらに食事をすることもできました。移動もまたそれなりに楽しむことができたのです。しかし、私がよく利用する新横浜京都間は2時間を切ります。仕事をしたり、仮眠をとったり、車窓からの景色を眺めているとあっという間に時間が過ぎてしまいます。いずれリニア新幹線が登場します。1時間強で東京と新大阪を行き来できるようになります。こうなると、楽しむどころではありませんね。

移動時間の高速化によって、スケジュールの立て方もずいぶん変わりました。時代を遡り江戸時代には、東京から新大阪に出るまでには2週間ほどかかっていました。江戸っ子の大半は、大阪の街など見ないまま一生を終えたでしょう。それが今や、日帰りでの往来が可能になりました。

移動手段の高速化は、私たちの時間感覚にも影響します。さて、1時間で東京と新大阪を往来できるようになる時代に、君はあえて4時間かけて行く手段を選びますか？　もし「はい」なら、それはなぜでしょう？

交通だけではなく家電もまた、どんどんスピードアップしています。「時短」を売りにする家電がありますよね。家電たちは便利の名の下に、面倒をどんどん減らしてくれます。こんな家電たちに囲まれていて、これまでは全然面倒でなかったことが、面倒になってしまっていませんか？　そしてこんな時代に、あえて「時短をしない」ことにどんな意味があると、君は考えますか？

勉強のお役立ちツールも、スマートフォンを利用した「いつでもどこでも」を売りにします。これまではそんな便利なものはなく、やると決めたら、その日その場所にふさわしい教材を選んでいかなければなりませんでした。さて、君は「いつでもどこでも」勉強できる教材を、十二分に活用していますか？

この数年で、私たちを取り巻く時間の流れが急激に変化しています。そのせいでしょうか、みんなが先へ先へと息急き切って疾走しています。一日には24時間あることは変わらないはずなのに、その半分くらいで生活しているような印象を受けます。そんなに急いでどこにいこうとしているのでしょうね。

私たちにとって便利な道具たちによるスピードアップは、必然的に私たちの考え方や心も変えていきます。早く先へ進まなければならないという強迫観念も生みます。心は常に前のめりになっていて、これまでは転ぶことなどなかった小さな石につまずいて、ケガをしてしまうようになりました。生活のスピードは、私たちの心身の適度なペースなど無視して急激に変化していきます。その結果、心身のバランスを崩してしまう人も多いようですね。

こんな時代だからこそより大事になっているバランス。さて、「どうすればバランスの取れた人間になれるか？」というところを君たちと考えていきたいと思います。

❷ 私の「バランス」エピソード

僧侶がどんな仕事をしているのか、君は知っていますか？　あまり一般的ではないかもしれませんね。

夏といえばお盆。そして私たちにとって、お盆はとても忙しい時期になります。この時期には、棚経といって、檀家さんたちのお宅を回ってお仏壇の前でお経を読む仕事があります。一日に多くの家を駆け回ります。当然、時間に追われます。私も拙い配慮で、到着時間にはだいたい、30分程度の余裕を持って檀家さんたちには事前に連絡を差し上げているのですが、例えば「1時30分～2時ごろ到着予定」とお知らせしても、檀家さんは1時30分に開始できるように準備を整えて待っていらっしゃいます。棚経なので、親族がそこに集まっていることもあります。ですからやはり私は、どうしても「1時30分にそこに到着しないと！」思ってしまうのです。もちろん、車で急ぐことは事故の可能性を大きくしてしまいます。心が「バランス」を欠いていると、普段ならなんでもないところで、思わぬアクシデントが生まれてしまいかねません。ですから私は、「ゆっくり」「ゆっくり」と言い聞かせます。急いでいるのですが、「ゆっくり」と言い聞かせることで心に余裕を生むようにしています。

心というものは、意識できないまま、どんどん一方向に偏ってアンバランスになっていくものです。だからこそ、声をかけることが大事なのです。声をかけることで、心の状態を確認することができます。時間に追われている状況はどうにもならないのですが、その中でも心の「バランス」を保つことはできます。

臨済宗の僧侶たちには修行が課せられます。修行中は世俗との関わりを断ち、ただひたすら修行に没頭します。テレビなどありませんし、炊飯器や電子レンジのような便利家電もありません。最近までは、水洗トイレさえない修行道場もありました。

私は埼玉県の平林寺で修行をしたのですが、その修行時代に身体を壊して入院してしまったことがあるのです。その際、心と身体の「バランス」は切り離せないものであることを痛感しました。

不思議な巡り合わせで、私の入院に、修行道場の指導者である野々村玄龍老師の入院が重なってしまいました。野々村老師からは、「焦らずゆっくり治せばよい」と温かい励ましをいただきました。しかし、その「焦らずゆっくり」が当の病人にとっては難しいのです。

仲間たちからは「早く良くなって」と激励されることもあれば、「いいな、入院できて。寝られて。1週間休めて」、なんて羨ましがられることもありました。私が入院した時期は、ちょうど摂心にも重なってしまっていたのです。摂心とは、1週間のほとんどを坐禅に費やす期間のことです。横にならずに1週間、ひたすら坐禅をすることもあります。摂心は、禅宗道場の特徴といえるでしょう。

さて、仲間たちはそんな摂心の最中に、私は入院しています。老師からは、「焦らずゆっくり」と言われますが、いっぽうで仲間たちからは「早く」と言われます。どちらも真心の温情であることは確かなのですが、どうにも私は素直になれませんでした。とにかく、修行から外れてベッドに横たわっている自分が、どうにも情けなく気まずいのです。ずいぶん落ちこみました。

しかし、あるときふと、「焦っても落ちこんでもしょうがない」と腹がくくれたのです。心ばかりが焦っていても回復が早くなることはないですし、落ちこんでも回復が遅れることはありません。回復のタイミングは、身体だけがわかっているのです。そして、「身体に任せてしまおう」と覚悟すると、「バランス」が崩れた心がようやく落ち着いたようでした。病人に限らずだれも、自分の身体のすべてを把握することはできません。心で身体を鞭打つこともできませんし、できたとしてもそんな鞭打ちは逆効果でしょう。こうして、野々村老師の「焦らずゆっくり」が腑に落ちたのでした。「焦らずゆっくり」と心に呼びかけることで、「バランス」を崩しやすい心を落ち着かせられるのです。

その後、私は知人が病気になったときは、「早く良くなって」というのを控えるようになりました。「早く、早く」はやはりアンバランスなのです。仲間として病人にできることは、回復するまで程よい距離で寄り添うことしかありません。適度な頻度で顔を出して言葉をかけることしかできません。病人にとっては、早かろうが遅かろうが、焦ることなく治ることが大事なのです。そして、外野がどれだけ騒いでも、病人に代わることもできませんからね。

③ 大谷翔平選手の「バランス」エピソード

私の寺は臨済宗円覚寺派に属します。本山が円覚寺なのです。君も、スポーツ選手や文豪たちの言葉、あるいは学校の教科書などを通して、「円覚寺」を聞いたことがあるかもしれませんね。以前、自坊の仕事の傍ら、円覚寺に勤務していたときがありました。

2023年の春、日本はワールドベースボールクラシックでの日本代表の優勝に沸き立ちました。代表を率いていたのが栗山英樹監督です。代表選手の中には、大谷翔平選手もいました。

まだまだ優勝熱が冷めない7月、円覚寺派管長でいらっしゃる横田南嶺老師が、とある出版社のコーディネートで栗山監督と対談されました。その中で栗山監督が大谷選手について言及されました。大谷選手は、どれほど忙しくても、どれほどの緊張の中でも野球を楽しんでいるそうなのです。周りが呆れるほどの練習量でも、苦痛をがまんするという感じではなく、とにかく楽しそうということでした。

一般的には、「余裕もあって心のバランスが保たれているから楽しめる」と考える人が多いのではないでしょうか。ですから、余裕のないとき、大変な状況、大忙しの中では、心の「バランス」は崩れてしまうため、なかなか楽しめません。しかし、そんなときこそ、「楽しもうという心がけ」が大切なのです。容易に楽しめそうにないときこそ、「楽しんでしまおう！」と自分自身に呼びかけるのです。こうして、心の「バランス」を意識すれば、いつの間にか本当に楽しんでいる自分を発見できるはずです。なんといっても、自分が楽しまないと他人を楽しませることはできないのです。

さて、君はこれまでにどんなピンチや崖っぷちを経験しましたか？　私の息子のように一夜漬けを強いられたことがあるかもしれません。部活動での本番も、相当の緊張を強いられるでしょう。大きな本番を間近に控えているのに準備ができておらず、大忙し大慌てになったこともあるかもしれません。

そんなときこそ「えい！　もう楽しんでしまおう」と自分に声をかけてみませんか？

4 『金太郎』の「バランス」

「まさかりかついで　きんたろう♫」
「くまにまたがり　おうまのけいこ♫」

日本昔話をモチーフにした童謡は数あれど、屈指の知名度を持つ『きんたろう』。ここから私たちも、『金太郎』を題材にして考察を進めましょう。マサカリを担いでクマに乗るこの男児は、人形になったり演芸になったり。端午の節句では、よりどりみどりの金太郎人形が登場します。

男児として模範となる金太郎は、「バランス」に関しても模範となります。日本昔話にはたくさんの日本一の太郎がいますが、「バランス」という視点からすると彼ほど格好のモデルはいません。

「あしがらやまの　やまおくで♫」
「けだものあつめて　すもうのけいこ♫」
人里離れた山の奥で、動物たちを相手に乗馬の稽古に、相撲の稽古。歌に歌われるように、この物語の特徴は「動物」と「稽古」にあるでしょう。

動物たちは、金太郎にとって仲間です。ウサギもタヌキもオオカミもみんな仲間。もちろんクマだって仲間です。確かにウサギがタヌキにはなれません。金太郎がクマになることもできません。ウサギはウサギ、クマはクマという「境界」はありますが、仲間になればこの境界が消えてしまいます。「人間」と「動物」の垣根もなくなっています。

彼らの関係は、線があるけれども線引きされていないのです。線が引かれたままでもないし、線がまったくないわけでもありません。これが「バランス」なのです。

次に稽古に注目してみましょう。

稽古といえば、武道の稽古を思い出すでしょう。彼らは相撲や弓道や剣道など、武道の稽古は伝統的に継承されています。どちらかというと古臭い印象があるかもしれませんね。

なぜなら、稽古は「心技体」を鍛えるものだからです。中でも特に「心」が大事。武道でもスポーツでも、土壇場でモノを言うのが精神の「バランス」です。特に忘れられがちなのが「心」の鍛錬なのですね。『金太郎』の教育的価値、そして人間的な意義は、稽古を通した「心」にあるといえるでしょう。

この稽古を支えるのが動物たちでした。稽古は常に双方向です。「すもうのけいこ」をする金太郎と動物たち、そのどちらも稽古をしているのです。

ところで「押さば押せ。引かば押せ」、このように相撲は「押し」が極意とされます。では「押す力」に長けた力士が強いのか、というとそうではないのですね。「心技体」のうち、「心」が最も重要。どれだけ身体が大きくて力で勝っていてもテクニックがあっても、心がアンバランスなら相手に負けてしまうのが相撲なのです。

仲間たちに恵まれた「バランス」男児、金太郎は、精神面でも類い稀な「バランス」を見せます。彼は強いだけではなく優しい男でもありますよね。強いだけでもなく優しいだけでもない。その「バランス」がマサカリを通してうかがえます。

本来、マサカリは武器です。そんなマサカリですが、金太郎は一度も武器として使うことはありませんでした。クマとだって武器でやっつけるのではなく、裸一貫で相撲勝負をしましたね。彼がマサカリを使ったのは、道を作ったり橋を作ったりしたときです。実にマサカリは、金太郎の「バランス」、「強くて優しい」心の象徴なのです。

5 「バランス」を相続する

金太郎は、根っからのバランス人間でした。強くなろうとも優しくなろうともしないままに強くて優しい男であったでしょう。動物たちと仲良くしなければならないなんて教えこまれることもなく、動物たちと仲間になっていたでしょう。でも、彼のような完全な「バランス」はモデルにとどまります。大切なことは「バランス」を崩さないことではなくて、たとえ崩れたとしても、「バランス」を取り直すことなのです。

計算も読書もキャリアもスピード勝負、質よりも結果を出すまでのスピードが重視され、挙げ句の果てに、生活の大事が見落とされてしまいかねないこの時代。だれでも、いつの間にかアンバランスになっているのです。自分の心身の「バランス」が気になったときはすでに、「バランス」を大きく欠いているのです。それは大ケガのもとです。「バランスを取る」ための声かけをしたり、ルーティンを作ったりしてみましょう。そのような心がけによって、自身の「バランス」を観察してみるとよいでしょう。これがいわゆる内観です。そしてまた、「バランス」を取ってみましょう。崩れが小さければ、「バランス」を取り戻すのも比較的容易です。「バランス」を維持しようと心身を張り詰めさせるのではなく、アンバランスになっても「バランス」を取り戻せばよいのです。「バランス」を戻し続けること、つまり「バランスを相続する」ことが大切なのです。

「相続」なんて言いますと、遺産相続や相続税などを連想されるでしょう。しかし、本来、相続は仏教の言葉なのです。「正念相続」という言葉があります。「わだかまりや迷いを払い、すべきことを想い続けること」を意味します。ここから連想してみましょう。「相続」とは「想いを続ける」を意味します。しかし私たちは、容易に迷ったり乱れたりします。だからといってそれらを忌避しては逆効果です。迷いや乱れに停留し続けなければよいのです。

迷いや乱れは、生まれたときと同様に、自ずと消えていきます。相続とはそのような流れを意識することでもあります。ロウソクの炎をイメージしてみましょう。ロウソクは、芯自体が燃えているように見えますが、実際は熱で溶けて蒸発したロウが燃えているのです。ですからロウはどんどん小さくなっていきますよね。この炎自体は、溶けてなくなっていくロウと同じように、瞬間ごとに新しくなっているのです。しかし、私たちの目には、火を吹き消さない限りずっと燃え続けているように見えますよね。

さて、瞬間ごとに切り取ると生成消滅する迷いですが、しかし流れは続いていきます。ロウソクの炎だけでなく、川の流れも「相続」の好い例でしょう。自然は、瞬間ごとに生滅を繰り返しながら流れを維持するのです。私たちにとっては、流れを絶やさないように努力を続けることが「相続」です。

瞬間だけに囚われてしまうと、私たちはどうしても「バランス」を崩してしまいます。たとえ一瞬、完璧な「バランス」が取れたとしても、自分が完成したなどと思わないでくださいね。「バランス」は崩れるものです。でも、その後に「バランス」を取り戻せばよい。禅が教える精進とは、「バランス」を維持することではなく、「バランス」を相続していくことなのです。

6 立ちどまれば「バランス」の具合がわかる

坐禅の需要が増えています。世界規模のパンデミックとなったコロナ禍がきっかけとなったように感じています。この災禍によって私たちは「これまでの当然」を反省させられました。そして、自分のアンバランスに気づく人たちが増えたのでしょう。

「バランスを取るためのルーティン」と言いましたが、坐禅もそのルーティンの一つです。先へ先へと煽られている心身は、どうしてもアンバランスになります。そこで坐禅の出番です。坐禅は「立ちどまる」ことでもあります。立ちどまることで、前のめりになっていた心身の「バランス」が確認できるでしょう。坐禅の姿勢で身体をととのえ、そして呼吸をととのえて、最後に心をととのえてみましょう。こうして、心身の「バランス」が取り戻せます。

「全力疾走をしてはいけない」というのではありません。必要なときはためらわず全力で走りましょう。前に進むことも大事です。しかし、それが鞭を打たれながら走っているのではとても残念です。鞭打つのは人間だけではありません。思いこみやプレッシャーが鞭になることもあります。そのような日々の連続によって、着実に心身の「バランス」は崩れていきます。心身の「バランス」が崩れていると、実際に自分の足下にも配慮が行き届きません。そうすると道路を歩いていて石に蹴つまずいてしまい、大ケガをしてしまうこともあるかもしれません。大きなアクシデントになる前に立ちどまれるようなルーティンを作っておきましょう。なんせ、全力疾走中はアンバランスに気づかないものです。気づくのは転んでしまったときなのです。

7 「バランス」と感性

身体は不思議です。事故がきっかけで腕を失ってしまうことがあっても、「バランス」を取り戻します。頭だけでは、ヤジロベエのように左右対称の物体の「バランス」をイメージしてしまいますが、そうではないのが私たちの身体です。身体は、左右アンビバレントでも「バランス」を取れるのです。

現代人は頭に頼りすぎています。しかし、「バランス」に関して頼りになるのは、頭ではなく身体感覚です。

身体は頭では想像もできないところに、「バランス」の重心を取ることができるのです。その重心は、決して永遠不変ではありません。重心を一定にしよう、完全なるものにしようとするのが私たちの頭ですが、身体は自然と、重心を相続するのです。だから、あえて完全や永遠を引きずらないようにしましょう。生活だって、私たちが置かれる状況だって、常に平穏であることはないのです。コロナ禍を予測していた人などいないでしょう。突然襲来する不測の状況に応じるためには、「完全や不変を引きずらない」ことが肝要です。不完全になったと思いこんでしまった瞬間、心は落ちこみ、身体の「バランス」は崩れてしまいます。

「バランス」は、人それぞれ違うものです。私の「バランス」と君の「バランス」は、まったく異なります。だから「バランス」の教本や手引きなどはありませんし、金太郎はモデルになるだけです。

現代人は、成功ばかりに注目しがちですが、これもアンバランスです。「バランス」を確認し「バランス」を相続するためには、成功や勝利よりも、苦悩や失敗が大事なのです。「バランス」なるものは、「バランス」があるときには気づかないもの。綱渡りの人たちが「バランス」を気にしていたら、あのようなスタントはできないでしょう。私たちは、失敗や挫折を通して、自分に特有の「バランス」を取っていくものなのです。

8 子どもたちへ

「バランス」はなまものです。だから、頭でどれだけ完璧な「バランス」をイメージしても、心身の「バランス」はイメージ通りにはいきません。

ゲーム感覚というのは「バランス」を欠いている証拠です。ゲームの世界では生身ではありません。ゲームの感覚に侵食されると、生身の「バランス」を忘れてしまうでしょう。でも、「バランス」は生身だから必要であり、生身だから可能になります。ゲームの中では、失敗したらスタート地点に戻ることも、リセットすることもできます。しかし生身の世界では、スタート地点などありませんし、失敗を取り消すこともできません。早送りもできませんし巻き戻しもできません。「バランス」が崩れるのは一瞬ですが、取り戻すには苦労します。

だからこそ、「日々の実践」が大切になるのです。ボタン一つで「バランス」をゲットすることはできません。君たち自身が、日々、「バランス」を取り続けるしかありません。自分の心身とつき合えるのは、君たちだけだからです。

日々の実践として、君たちができることを、弛まず相続していきましょう。掃除はオススメですよ。やることがないと退屈しているなら、まずは部屋の掃除をしてみませんか？　やることがありすぎて時間に追い立てられていたら、その時間から外れて掃除をしてみませんか？　掃除といっても今や便利な掃除道具がたくさんあります。でも、君自身の身体を使って掃除をしましょう。人工知能を搭載した掃除屋さんには、この際、休んでいてもらいましょう。

炊事もよいですね。生活を疎かにしてしまうと、途端に私たちの心身はアンバランスになってしまいます。

生活は、仕事や勉強だけで成り立つわけではありませんよね。掃除や食事や睡眠、そしてレジャーや友達づき合いなど様々な要素によって生活の「バランス」になるのです。

繰り返しになりますが、食事と睡眠は大切です。そして、生活の一コマ一コマを楽しんでみましょう。「掃除はイヤ！ 勉強はイヤ！」かもしれません。確かに、だれにでも得意不得意はあります。でも、これらのことが苦行になってしまうと、また「バランス」が崩れてしまいます。急いでいるときこそ、苦手なことをやるときこそ、「楽しもう」と自分に声をかけてみてくださいね。

金太郎は稽古を楽しんでいます。「楽しい」という実感もないほど楽しんでいるので、稽古が苦行にはなっていません。そこには、いっしょに楽しむ仲間たちがいます。

「〇〇しなさい！」と言われるときもあるでしょう。命令されたら「やりたくない！」と反発してしまうのが私たちです。やることが山盛りになると、焦ったり逃げたくなったりするのも、私たちの心です。そんなときこそ、「楽しもう！」と声をかけ、面倒にも励んでみましょう。こうして心身の「バランス」を取っていきましょう。必ず、君の心も身体もその声に応じてくれるはずです。

第8章

「許し」について　～『カチカチ山』を使って～

臨済宗大徳寺派　京都市大慈院　戸田惺山和尚

『カチカチ山』といえば、イタズラタヌキと、タヌキを罰したウサギの話。悪さばかりするタヌキをついに捕まえたおじいさん。タヌキを天井から吊るして畑仕事に出かけてしまうのだが、その間にタヌキは悪知恵を働かせて、おばあさんをだまし、ついには殺してしまった。おじいさんは魂が消える思い。ついには寝こんでしまった。そんなおじいさんのところにやってきたのが、あのウサギ。「おばあさんの仇をとる！」と決意し、タヌキを山に誘った。背負っていた薪に「カチカチ」と火をつけられたタヌキは大火傷。さらに復讐は続く。火傷に唐辛子を塗られたタヌキは、泣くわ、叫ぶわ、転がりまわって大騒ぎ。そして最後のお仕置きを迎える。ウサギは上手にタヌキを湖に誘い出して、泥舟を作らせる。もちろん泥は水に溶ける。溶け始めた舟から助けを求めるタヌキだが、ウサギは「おばあさんの仇だ！」とタヌキを叩き殺してしまったのさ。

1 現代の「許し」事情

人と人が関わる限り、腹が立つことも、胸がふさがることもあるでしょう。もちろん、嬉しいことや楽しいこともあるのですが、私たち人間はどうしてもネガティブな感情や記憶にとらわれてしまうようです。

まず、大切なことは、このようなネガティブな感情や記憶に対して「ないフリ」をしないことです。「ないフリ」をしてしまうことは、「許し」の問題への扉を閉ざしてしまうことなのです。「どうしても、あいつが許せない！！」。この地点からようやく、「許し」が見えてくるのです。

私の子ども時代の経験ですが、ケンカがあると先生たちは「握手して、仲直りしなさい」と諭していました。しかし、そんな仲直りの儀式に、当時の私はモヤモヤしたものです。反省もないままに言葉だけで「ごめんなさい」と言っても、問題をなかったことにしてしまうだけではないでしょうか。

私の子ども時代には想像もできないところで、現代の子どもや親、先生たちの悩みが生まれています。SNSです。どこのだれだかわからない人たちの間で応酬される言葉の攻撃。恨んでも、果たしてだれを恨んでよいのかわからないのが、SNSの特徴でしょう。「無名の不特定多数」が相手になるような場所だからこそ、許しの問題はより緊迫したものになってくるでしょう。いったい、そんな顔も名前も、姿すらないモンスターを相手に、「ごめんなさい」なんて要求できるでしょうか？　いったい、そんなモンスターに傷つけられた人は、だれを許せばよいのでしょうか？

SNS内の言葉は過激になりがちです。「ただの好き」では非力なため、「好きすぎる」なんて言葉も生まれています。同様に、嫌いも憎いも過激になってしまいます。ここでの負の言葉たちは、相手の一切を焼いて壊してしまうばかりの激しさを持っています。プラスのエネルギーよりも、マイナスのエネルギーのほうが爆発しやすいのが人間のようです。そして痛ましいことに、そのような言葉が現実になってしまう事件も起こってきましたね。

いじめは、大多数による少数、あるいは一人へのいわれのない攻撃です。このような理不尽にあったとき、君はいじめてきた全員をいつ、どうすれば許せるでしょうか？

国と国との関係でも「許し」問題はかなりの緊張を帯びてきます。各国それぞれにいわゆる「負の歴史」があるでしょう。恨みが文化の柱になっている地域もあります。その歴史を乗り越えるためには、「やられたらやり返す」を政策や信条とする国もあります。

戦争というものは、終結のほうが開始より数段、困難です。「どこで手を打つか」のタイミングは、どちらかが「もうダメです」と降参するときしかないのでしょうか？　さらに難しいのは、「どのような条件で相手を許し合えるのか？」です。いやそもそも、ナン百年にもわたる「やった・やられた・やり返す」の応酬をストップさせるような「許し」は可能なのでしょうか？

さて、これから「許し」について君と対話を重ねていくのですが、どうしても伝えておかなければならないことがあります。「許し」の出口が、命令や禁止になってはいけません。「許しなさい！」

「許してはダメ！」という他人、特に親や教師からの強制は、どちらも当を得ないものなのです。私がこれからする話も、正しい答えを教え授けるものではありません。読者であるお母さんたちや先生たち、そして子どもたちと禅僧がする「許し」についての対話です。どうぞ、リラックスして臨んでくださいね。

また、「許し」に関しては、二つの根本問題があります。「どのような条件がそろえば許されるのか？」。そして、「だれがだれを許すのか？」

これから君たちと、この二つの問題に近づいたり離れたりしながら、許しについて考えていきましょう。もしかしたら、「やっぱり許せない！」になってしまうかもしれませんが、そこに至るまで共に歩いていきましょう。

❷『カチカチ山』の「許し」

『カチカチ山』は、温もりや優しさがまったくない非情な物語です。イタズラ好きで大食いのタヌキに困り果てていたおじいさんは、ある日、このタヌキを捕まえます。そこでこのタヌキを晩ごはんの材料にしようとして、当面、生きたまま天井から吊るしておきました。さてこのタヌキは、人のよいおばあさんに「ごめんなさい。もうイタズラはしません」と「許し」を請うのですが、やっぱり改心などしていませんでした。あろうことか、天井から降ろしてくれたおばあさんを殴り殺し、おばあさんを自分の代わりにと晩ごはんの材料にして、おじいさんに食べさせてしまいました（このシーンにはバリエーションがあります）。

このタヌキの所業によって寝こんでしまったおじいさん。その仇討ちを買って出たのがウサギでしたね。

ここから先は、ウサギによる有名な三つの懲罰です。タキギに火をつけてタヌキの背中を燃やす。大火傷を負ったタヌキの背中に唐辛子を塗る。泥舟に乗せたタヌキをあらすじでは湖に沈めて叩き殺す（最後のこの懲罰にはバリエーションがあり、タヌキが許される優しいラストもありますね）。

この物語では、登場人物の4分の3の人生が狂ってしまいます。おばあさんとタヌキは死に、おじいさんは寝たきりになりました。このような無慈悲な筋書きの中にこそ、「許し」の可能性を発見できるかもしれません。その可能性のために、もう一つ、ちょっと恐ろしくて無慈悲な物語を紹介しましょう。

森鷗外の代表作の一つに『山椒大夫』があります。これは『さんせう大夫』という説話を元にした小説ですが、ラストシーンでは信仰によって厨子王は救われます。しかし『さんせう大夫』と『山椒大夫』では、いくつか異なる点があります。森鷗外は、安寿と厨子王に加えられる凄惨な拷問を「夢の中の話」として変更しました。『さんせう大夫』では姉の安寿は拷問によって責め殺されますが、彼はこれを入水自殺と書きかえました。そして読者がもっとも関心があるのは、「極悪非道な山椒大夫はどうなった？」ではないでしょうか。『さんせう大夫』では、山椒大夫は鋸挽きの刑という日本史に記される死刑の中でももっとも酷たらしい刑によって殺されます。鋸挽きの刑とは、竹の鋸で罪人の首を徐々に挽き落としていくという、現代の私たちには想像しがたい刑です。しかし、山椒大夫の所業はこの鋸挽きの刑にふさわしいと多くの読者は感じたでしょうし、この死刑によって読者は納得したのでしょう。

さて、なぜ森鷗外はこのような改変をしたのでしょう？ 山椒大夫を許したかどうかは描かれていませんが、仕返しをするという幕引きにしないことによって、厨子王の未来は恨みの連鎖から解き放たれただろうと感じられます。

沖縄出身の私の友人が「仕返しでは常にスタート地点に戻ってしまう」と言っていました。報復の繰り返しでは、互いに先に進むことができないのです。第二次世界大戦中、この友人のお父さんはジャングルに逃げ、そこでヘビやカエルを食べながらなんとか命をつないだそうです。君も知っての通り、沖縄の多くの人たちが死んでいます。沖縄の人たちは、戦争によって受けた傷をこのような考えで乗り越えていることに脱帽しました。

『カチカチ山』は、よりによっておばあさんがタヌキを許したことで悲劇が始まりました。この分岐点は重要です。もしおばあさんが許さなかったら、タヌキは食べられてしまいそのまま物語は終わってしまったでしょう。タヌキは人を化かすと信じられていました。化かすことができるのだから、口八丁手八丁でおばあさんをだますことなど容易いことだったでしょう。

畑を荒らしていたタヌキが捕まった時点に注目してみましょう。ここでおじいさんが許していたら、これまた物語は終わってしまったでしょう。もしかしたら、このケースが最高の大団円だったかもしれません。

ウサギは自分では恨みを晴らせないおじいさんの代わりをしてくれる仕置人のようですね。人気の時代劇にはこのような構図が認められます。『水戸黄門』しかり、『暴れん坊将軍』しかり、『必殺仕置人』しかり。これらのどれもが、悪人たちを上回る力による制裁という懲罰の物語であって、どこにも「許し」は示されていません。

それにしても、始まりでタヌキがしていたことは「イタズラ」。その後おじいさんがタヌキを捕まえて天井から吊るしました。それに対して、タヌキはおばあさんをだまして殺してしまいました。悲しみで倒れてしまったおじいさんに代わって復讐するために登場したウサギは、三度の懲罰を経てタヌキを殺してしまいました。順を追ってみると、「やられる」「やり返す」がどんどん酷たらしくなっていることがわかります。

「許し」を可能にするのは「イタズラ」の時点だったかもしれませんね。二倍返しが始まってしまったら、どちらかが必ず死んでしまうのかもしれません。では、どちらかが死んでしまうことは、「許し」になるのでしょうか？　死んで罪を贖うことはできるのでしょうか？　そして、相手を殺した側は、それによって相手を許すことができたのでしょうか？

③ 私の「許し」エピソード

ここで私の体験談をお話ししましょう。小学生のころ、私は無実の罪で雨の中、立たされたことがありました。先生は「謝れば許してやる」と言い放ちましたが、私はしてもいないことで謝ることができなかったのです。

立場の上の人や力の強い人にこびるのが嫌、という性分だったこともあり、先生たちには扱いづらい子どもだったかもしれません。

「表面だけでも大人の言うことを聞いておいたほうが得。敵は作らないほうが得じゃない?」なんて意見もあるでしょうが、君はどう考えますか? 無実の罪に対して「ごめんなさい」と言えますか?

そんな私は自ずと、小学生のときは常に少数派に属すようになってしまいました。多数派主流派からの攻撃には、相当に苦労させられたものです。これまた性分からか、そんな少数派に飛んでくる矢を受け止めるような役割を自ら負うようになりました。

僧侶である私の元には様々な悩みがやってきます。ある女性は「お父さんが許せない」と悩んでいます。「脱ぎ捨てた靴下が汚い」からだそうです。「幼稚園児の姪っ子が許せない」という女性もいました。彼女は妹家族と同居しながら、子育ての手伝いをしているのですが、その子の「お母さんに聞いてみる」の答えが許せないそうです。

「許せなさ」は人それぞれ。傍から見れば「そんなことで？」というようなことでも、本人にとっては十分に傷つけられているのです。さて、君にはどんな「許せなさ」がありますか？

ちなみに、無実の罪で立たされた事件ですが、結局、母が間に入って形だけ謝りました。しかし、この決着は私だけではなく、先生たちにとっても「許し」とは程遠いものだったでしょう。

❹ 「許さない」ことは苦しく辛い

さて、ここから「許し」というテーマそのものに迫っていきましょう。

「絶対あいつ許さない！」という心はどのような状態か、考えてみましょう。「あいつが許せない！」なんて心にもなりましょう。そして、そんな心は常に緊張を強いられ、力を抜くことができません。「絶対許さない！」を維持する努力を、あえて続けなければいけません。

「許さない」ということは必ず相手がいます。そして、「あいつ」に縛られることは、「あいつ」に向けて自分自身を縛ることなのです。ただ一点を凝視し続けるようなものです。一度、やってみてください。君はただ一点を何分、まぶたを閉じずに見続けられますか？

次に「やり返す」の程度について考えてみましょう。『カチカチ山』が示していますが、「やられた」「やり返す」の連鎖は、倍々と激しさが増していきます。やり返すほうは、やられたこと以上のことをしないと気持ちがおさまらないのです。

次に「だれが許すか？」について考えてみましょう。「許しには許す人と許される人がいる」という意見もあります。しかし、人ではなく時間が許しを可能にすることもあります。つまり「忘れる」ということです。でもそれは本当の許しじゃないかもしれません。

桐島聡が２０２４年の１月に突如、世間を騒がせました。彼は極左暴力集団のメンバーで、１９７４年から１９７５年に起こった連続爆破事件の容疑者でした。50年近く彼は偽名で過ごしていたのですが、死期を悟り、本名をさらした４日後に死にました。彼が起こした爆破によって多くの死傷者が出たのですが、事件については反省や謝罪がないまま死んでしまいました。50年という時間はとても重いものです。彼の事件を覚えていた人のほうが少なかったでしょう。しかし、「本名を公開して死ぬ」という彼の身勝手な野望によって、私たちは時間では「許し」にはならないことを実感しました。

裁判所が代表するような権威によって、「許し」が可能になるかもしれません。こちらも人ではありません。でも、権威は強制力になります。判決が「許せ！」という命令になってしまったら、話しがスタート地点に戻ってしまいますよね。

いったい、許すのはだれでしょう？「許し」を君以外のだれか、あるいはなにかに委ねることはできるでしょうか？

怒りと恨みは、似ているようで違います。怒りは衝動的な感情であって、ここに理屈はありません。喜びもまた感情の一つ。「ケーキおいしい！」なんて喜びと同じ次元に怒りもあるのです。衝動的なため、ぐっと3秒がまんすれば、怒りは抑えられるでしょう。

いっぽうの恨みは、がまんすればどうにかなるものではありませんよね。何年も、何年も恨みは続いてしまうのです。仇討ち物語が象徴的ですが、恨みは生きるためのエネルギーにもなるのです。

「許し」も同様に感情で白黒つくものではありません。

良心を解決の糸口にする考えもあります。これは「善悪を判断し、正しくあろうとする」心です。「良心は人間ならだれにでも生まれつき備わっている」という意見もありますが、君はどう考えますか？　私は、良心は教育によって涵養される、高度な道徳心だと考えます。そのような土壌のない人に、「良心は痛まないの？」と反省させられるでしょうか？

「許し」においては、加害者からの謝罪が最低条件として求められることが多いでしょう。「反省の色がない」なんてニュースで聞きますが、そんな加害者を君は許せますか？

とはいえ、加害者がどれだけ反省して、どれだけ謝ったとしても、被害者の心の傷が消えることはありません。「これだけ謝っている！」と相手がアピールをしたとしても、被害者の側からすると、納得のいくタイミングなんて永遠にないのかもしれません。

そもそも、タヌキは謝ればよかったのでしょうか？　もし謝罪で許されるとしたら、いつどのタイミングで許されるのでしょう？　それはだれが許すのでしょう？　おばあさんにあんなことをした張本人です。「どうせまたウソだ！」と言われるのがオチですよね。

極論を言えば、相手がどれだけ謝っても許されないときは許されない。なぜなら許すのは自分であって相手ではないからです。つまり、「許せなさ」は相手の問題というより自分自身の問題なのです。

5 「許し」と身体

ところで、憂うつなとき人はどんな顔をするでしょう？ みけんにシワがよっています。怒っているときはどうでしょう？ その顔は一目瞭然ですよね。悔しいときや恨めしいとき、ゴミ箱を蹴飛ばしてしまうことがありませんか？ このように、「許せなさ」は頭だけにあるのではありません。身体にもちゃんと、緊張という状態で表れてしまうのです。

身体と心はつながっています。心に意識を向けて手あてするよりも、まずは身体を起点にしてみましょう。心のコリではなく、筋肉のこわばりをとるのです。こわばりをとるためには、身体を動かすことが最適です。

ところで、恨みは持続するものです。感情的に爆発するのではなく、何年も、あるときは何百年も世代を超えて「許してはダメだ」というこわばりを、自ら維持しようと努力しているのです。ですから、「許せなさ」は諸刃の剣なのです。やり返す相手だけでなく、自分も傷つけてしまうものなのです。

君が坂道を歩いているとしましょう。下りでも上りでもどちらでもよいのです。そこで君は、「一歩も進んではならない」と命令されました。どれくらいの時間、君はそこに立ちどまれるでしょうか？　早々と、「早く先に進みたい！」と願うでしょう。それは身体からの声なのです。「許さない！」という心は、身体で言えばこのように坂道の途中になにがなんでも踏みとどまろうとするものです。

もう一つ、身体の動きでたとえてみましょう。あおむけに寝て、足をお尻のところから上げてみてください。君は何分、足を上げ続けられるでしょう？　いずれ足はパタンと落ちてしまいます。足を上げている間は、お腹に力が入っていますよね。恨みや怒りは、寝そべったまま足を上げ続けているようなものなのです。腹の力をリリースしてみてください。自ずと足も下がるでしょう。

「許せないあいつ」に縛られることは、自分自身を縛ること。これは身体のこわばりのようなものです。恨みを溜めることは、身体にとっては負担なのです。身体は許したがっているのかもしれません。身体のこわばりを解くには、身体を動かしてしまえばよいのです。これが「許し」へのイメージになるでしょう。

以前、遺恨を残す失恋をした知人を、岩登りに連れていきました。岩登りはそうとうに緊張をする現場です。筋肉に恨みのためのこわばりが残っていたら、即座に落ちてしまっていたでしょう。彼はそのとき、失恋した相手を忘れていたのです。こうして、身体のコリがほぐれ、その結果、心に残っていたシコリも減退していったのです。

それは言葉を忘れていくことでもあります。

6 言葉を「忘れる」

仏教には様々な修行の形がありますが、そのすべてに共通する要諦が「言葉を忘れる」ということでしょう。掃除や炊事など同じことの繰り返し、岩登りのようなちょっと危険で非日常的なことをしないでも、修行は日常にあります。この修行によって僧侶は言葉を忘れていくのです。

犬や猫たちは言葉を持ちません、言葉がないから、彼らは恨むことがありません。でも、ちゃんと怒りますよね。許せなさは、言葉がなければ、そもそも成り立たないのです。

「許せなさ」のきっかけには必ず相手がいるでしょうが、しかし、「許せなさ」を抱きかかえて手放さないのは自分。だれが命じたことでもなく、自分で自分の中にかかえこもうとしているものなのです。だから、お父さんや姪ごさんに向けられた「許せなさ」のように、他人には理解できない「許せなさ」もあるのです。

そして、「許せなさ」を持ち続けるためには、言葉が欠かせません。ここもまた重要なポイントです。「青筋を立てる」とか「怒髪天を衝く」のような慣用句がある怒りは瞬間的なもの。髪の毛を逆立てられるのは一瞬なのです。しかし恨みはドロドロ。「根に持つ」とか「恨み骨髄に徹する」のように、身体の奥のほうでドロドロとマグマのように溜まっていくのが恨みです。溜めるためには、「あいつがあのときあんなことを！」のような言葉がなければなりません。ものの数分で消え去る、あるいは忘れてしまうのを阻止するのは、「あいつが！あいつが！」という言葉なのです。

『池の水ぜんぶ抜く』というバラエティ番組を見たことがありますか？寺社仏閣の池の水が抜かれ、そこに住む生き物たちを確認し、池をきれいにしてもう一度池に水を入れるという流れなのですが、池の中の生態系には「外来種」が多く認められるのが定番です。ブラックバス、ブルーギル、ミドリガメ。この言葉が問題をはらみます。外来種は駆除対象。そのためか、外来種とわかった途端に、駆除、つまり殺してもよい存在になってしまいかねません。「多様性」と言いながら、生態系を崩す存在は許せない。それが言葉の魔力でしょう。人間の世界でも、「異端」や「邪魔」、「変人」というレッテルを貼られたら、それが排除やいじめの正当性になってしまうのです。

SNSでは『カチカチ山』とは別種の「吊るし上げ」が見受けられます。言葉による暴力です。SNSでの吊し上げは一方的。顔も名前もない不特定多数の存在からの暴力です。不幸を喜ぶ大衆からの、「断罪」という正当性を持った悪口。彼らはきっと、他人を裁くとき自分も裁かれることに気づいていないのでしょう。

言葉の力は、ときどき私たちの想定を超えてきます。私たちが相手へ吐く罵詈雑言は、そのままダイレクトに自分に向けられているのです。壁を殴ったら自分の手が傷つきます。しかしこの痛みは、ケガが癒えればなくなりますが、言葉の暴力による痛みはどんどん蓄積され、どんどん悪化していくでしょう。

7 自分を許す

「放下著」という禅語があります。「あらゆる執着を放り捨てよ！」を意味します。

いじめられた。嫌な上司がいる。侮辱された。ムカつく言葉を吐かれた。許せなさのきっかけは多種多様、人の数だけ無数にあるといえるでしょう。ここに正当な答えなど、ないのかもしれません。

ここが「許し」の問題の最大の難所といえるでしょう。この難所を乗り越えるのは、自分しかいない。ということは、自分が自分の中で儀式をしてしまうしかありません。

「恨み続ける」ことは、「自分で自分を殺し続ける」こと。「許す」ことは、「自分で自分を許す」ことなのです。

許しの根本問題が二つありました。「どのような条件がそろえば許されるのか？」と「だれがだれを許すのか？」でしたね。つまるところ、私たちは「無条件で、自分で自分を許す」ことになるはずです。

「許さない」と頑張り続ける人は、言葉に執着しなければなりません。しかし、「許し」は言葉による理解を拒むものです。むしろ、実体験が支える覚醒に近いものでしょう。だから「許し」の原因も理由も説明不可能なのです。「許し」とはだれかに説得させるものではなく、自ら気づいていくものなのです。

「許し」には、「許された」という経験や実感があることが必要になってきます。だれもが、大なり小なり「許されなければならない」ことをしていると思いませんか？　私もそうです。君はどうですか？　だれもが互いに迷惑や面倒をかけ合っていますよね。様々な命の犠牲によって私たちの命は続いていますよね。

私たちに人間はしかるべく、そのようにしか生きられないのです。この事実を自覚する。これが「許し」の足掛かりになりそうです。「許し」がないと、他者だけではなく、自分すら追いこみ、傷つけてしまうのです。

名なし顔なしの大多数側から攻撃をする人たちには、許せない自分がいるのです。そして自分を許せず、翻って自分と他人を傷つけているのです。そのいき着く先にはなにがあるのでしょう？

『カチカチ山』では、最終的に仕返しの連鎖で二人も死んでしまいましたが、タヌキの悪事という程度で許されていたら、どうだったでしょう？　私たちも、「この程度で」という「許しがたいけど許される」レベルで、お互いに面倒や迷惑を掛け合っているのではないでしょうか。

「この程度で済んでいる」ということは、「すでに私たちは許し合っている」のです。『カチカチ山』のおじいさんはこの自覚がなかったのかもしれません。

8 子どもたちへ

君の誕生から振り返ってみましょう。

私たちは、人生を楽しむために生まれてきました。しかし、イライラやメソメソやクヨクヨやウツウツはその障害となってしまいます。最大の障害が恨みという「許せなさ」でしょう。

でも、怒ってはいけない、恨んではいけない、許さなければいけないというわけではありません。悔やむことも嘆くことも怒ることも恨むこともあるでしょう。その気持ちを禁止しないでくださいね。でも、それらを身体に溜めこまないようにしてください。そのためには言葉を忘れてしまうことが必要です。言葉に縛られないためには、身体を動かす機会を作りましょう。ロッククライミングでなくても、サッカーなどのスポーツでも、掃除や料理でも、君が言葉を忘れて没頭できる時間を作ってしまうのです。

身体が元気ハツラツと動いているとき、きっと君は言葉を忘れているはずです。身体が君に教えてくれるでしょう。「相手を許すのではなく、自分を許すこと」。君もすでに、許された存在の一人なのです。

この自覚を持って、ぞんぶんに人生を楽しもうじゃないですか。

第9章

「遊び」について
～『笠地蔵』を使って～

臨済宗方広寺派　浜松市瑞雲寺　梶浦邦康和尚

屈指のハートウォーミング話といえば、『笠地蔵』。雪深い山村に老夫婦が住んでいた。明日は正月。でも家には餅どころか米粒一つない。おばあさんが提案した。「じいさん。私の作った笠を町で売ってきておくれ」。おじいさんは笠を五つ持って町へ。途中にある峠には六体のお地蔵さんが祀られている。頭は雪で真っ白だった。おじいさんは雪を払い、町へ向かった。でも町の人は大忙し。だれも笠など見向きもしない。さて再び地蔵峠。お地蔵さんたちの頭にはまた雪が。おじいさんはお地蔵さんたちに笠をかぶせることにした。でも、「一つ足りねぇ！」。そこでおじいさんは、自分の頭の手ぬぐいをとって、最後のお地蔵さんにかぶせた。おばあさんも喜んだ。二人は床についた。その日の深夜、「ドサドサドサ！」、家の外で大きな音が。戸を開けてみると、山盛りの餅や野菜や反物が！　雪の向こうには、並んで歩く六人のお地蔵さんが見えたとさ。

1 現代の子どもたちの「遊び」事情

「昨日、君はどんな遊びをしましたか？」

さてさて、君はなんて答えるでしょう？　スマートフォンを使ったソーシャルゲームでしょうか？「マインクラフト」や「フォートナイト」？

「小学生・ゲーム」でインターネットを検索すると、上位を占めるのはタブレットやパソコン、スマホなどのインターネット通信を介したゲームや、任天堂やソニーが開発したゲーム機を使うゲームたち。でも、「ゲーム」っていっても、体を使ったリズムゲームや、オセロなどのボードゲーム、そしてカードゲームもあるはずですが、不思議ですね。

そもそも「遊び＝ゲーム」ではないですよね？　例えば、部活動でのサッカーや野球などのスポーツは「遊び」になりませんか？「本気だから遊びじゃない！」なんて答えるかもしれませんね。では、部活動以外では？　将棋や囲碁はどうですか？

「チャンバラごっこ」はどうでしょう？　危ないかな？「木登り」も、危ないかな？「原っぱをただ走り回る」はどうでしょう。「公園はあるけど原っぱなんて近所にない！」かもしれないね。

勉強は？「勉強なんて楽しくない。勉強はやらないといけないからするだけ。だから楽しくないし遊びじゃない！」なんて極めて合理的な意見が返ってくるかもしれません。

昔からずっと、私たち人間は「遊び」を通して「豊かさ」と「慈しみ」に触れ、「豊かさ」と「慈しみ」について学んできました。しかし、ソーシャルゲームなどにはそのような学びがありません。いわば、現代人は遊び下手になってしまったのです。そんな時代だからこそ、まずは「遊びってなんだろう？」から考えてみましょう。

私は瑞雲寺の住職ですが、隣接する瑞雲こども園の副園長をしています。子どもたちと日々、いっしょに遊びながら、「虫を捕まえられない」「虫に触れない」園児たちが増えていることを実感しています。子どもだけではなく、虫に触れられない親も多くなりました。だから、本当に危険な虫か優しい虫かどうかも分類できません。害虫も益虫もごた混ぜになって嫌われ、殺虫スプレーが噴霧されてしまうこともしばしば。今や、虫捕りという楽しい「遊び」を人生で一度も経験したことがない人も多いでしょう。

虫捕りだけではなく、木登りができない子も増えています。キャンプに行っても、電源を探し出そうとする子もたくさんいます。彼らは電気がなければ遊べません。「ワイファイが飛んでいるか？」なんて確認し出すこともあります。でも、子どもは生来、山や川に行き、準備されたものがなにもなくても遊べるはずなのです。だれにでもその力が備わっているのです。

「遊び」には電気は不要です。あってもよいのですがなくても遊べるのです。小さなケガをしてしまうこともあります。滑ってしまったり転んでしまったり。「遊び」下手な現代の子どもたちは、転び下手でもあります。日々、遊びながら転んできた子どもは、上手に転びます。ケガをしても大事にならない。でも転び下手な子どもは、顔面を打ちつけてしまったり、骨折をしてしまったりします。身体は「遊び」の中の小さなケガを通して発育していくのです。

そして、このような「遊び」だからこそ、「豊かさ」と「慈しみ」が身にしみ、心を成長させていたのです。

でもなぜ、子どもたちは「遊び」下手になってしまったのでしょう？　これについてはじくじたる思いがあります。私たち大人の責任を痛感します。

私たち大人は、歴史的にも最高度の便利な世の中を作り出しました。スマートフォンがあれば退屈することもありません。しかしこの便利さのせいで、失われてしまったことがたくさんあります。「遊び」もその一つです。いつでもどこでもプレイできるゲームがあるという便利さのせいで、「遊び＝ゲーム」という思いこみが生まれてしまいました。スマートフォン一つあれば、暇つぶしになる便利なゲームが次から次へと出てきます。けれども、便利さと「豊かさ」はまったく違うものです。「豊かさ」も失われてしまったことの一つですね。

さらに、温暖化や都市化の影響で夏の屋外が灼熱になってしまいました。園庭やプールも暑すぎます。親心としては当然のように、日射病の危険は避けますので、結果としてエアコンの効いた屋内で過ごすことになってしまいます。公園なども、子どもたちが自由に遊べる場所ではなくなってしまいました。「ボール投げ禁止」のルールも目にします。「子どもの声がうるさい！」というクレームも聞きます。そして遊具が「危ない」という理由でどんどん消えてしまいました。

これらはひとえに、私たち大人の責任です。子どもたちに「遊んでいる？」と聞く前に、私たち大人が「遊び」を奪ってしまっていることを反省しなければならないでしょう。

❷ 私の「遊び」エピソード

そのような反省もあり、私は数年前に、園児たちが自然の中で遊べる場所「春野ハウス」を作りました。春野町は浜松市内北東にある山間の町で、大半を森林が占めています。

「春野ハウス」を計画した当初は、「先生、こんな、なんにもない所を作ってどうする？」なんて疑問もたくさん届きました。でも私は「なにもない所」を作りたかったのです。

春野ハウスの周りは原生林。芝生などなく、石や木々の根っこでデコボコしています。普段、平坦な舗装された道しか歩いていない子どもたちは、最初は転んでしまいます。でも、数日だけでも自然の中で過ごすことで体のバランスがよくなってくるのです。そして、設備や遊具、ましてや電気がなくても一日中、子どもたちは遊びます。きっと、このような場所のほうが大人だって本気で遊べるでしょう。

「なにもない所」で、私は自ら率先して遊びます。木登りを実践します。小川で魚や虫を捕えます。不思議なことに、山奥に来てしまうと、街中ではあれほど虫を怖がっていたのに、平気で虫に触れるようになります。ヨシノボリのような珍しい魚や、ヘビトンボの幼虫のような一見グロテスクな虫にも親しむことができるようになります。他にも、探検をしたり、秘密基地を作ったり。なにもないからこそ「遊び」の可能性が広がるのです。

③ 芸術家たちの「遊び心」

瑞雲寺では、定期的に美術展を開催しています。その時期は、本堂で市内や浜松近郊の彫刻家や陶芸家の作品を展示しています。その際、芸術家のみなさんとお話をすることもあります。私は、芸術作品を生み出す人々に満ち満ちた「遊び心」に驚かされます。

知己の一人に、志戸呂焼の陶芸家の先生がおります。このS先生は、独自の志戸呂焼に挑み、日々研究と試行を重ねています。当然のことですが、試行錯誤の中でできた作品には値がつきません。売れる陶器を作ることは、比較的容易です。しかし、「売れる」ということは、すでに世間に認知されている作品でなければなりません。このようなものに「遊び」は求められません。ということは、値がつかないからこそ「遊び」になるのです。S先生は、遊びながら研究を続け、遊びながら型破りの作品を作り続けているのです。

私は遠江円空研究会の方々との交流も大切にしています。この研究会では江戸時代の僧侶、円空の彫った仏像を模造しているのですが、会員の大半はプロの仏師ではありません。みなさんの作品が売り物になることもありません。しかし、これまた値段がつかない作品だからこそ、仏像彫刻が「遊び」になっているのです。会員たちは円空仏の模造という「遊び」をしながら、自分自身と対話しています。

浜松に在住される彫刻家のH先生の作品が、瑞雲寺の本堂にあります。その名も『遊び心』です。この作品は、見る人たち自身で作品を完成させていくものです。つまり、常に未完のままであり続けます。多くの人がこの作品に自らの遊び心を表現していくのですが、その大半が子どもたちなのです。子どもたちには、「きれいに作る」「カッコつける」「下手に作ると恥ずかしい」などという雑念がないのでしょう。子どもたちの遊び心には、いつも感心しています。君にも生来、そんな遊び心が備わっているのです。お寺に来ることがあれば、ぜひこの『遊び心』で遊んでくださいね。

すでに私たちの日常は人工知能（いわゆるＡＩですね）に多くを依存するようになっています。効率と生産性が求められるだけの世界では、この人工知能によりコピーの大量生産が可能となることで、私たちの出番はどんどんなくなっていくでしょう。「遊び」が失われてしまうと、私たちの世界ではオリジナルが消滅し、コピーだらけになってしまいかねません。「遊び」だからこそ、自由な制作とチャレンジが可能になるのです。遊びがあるからこそオリジナルになるのです。そんな「遊び」が、

「豊かさ」や「慈しみ」の原動力になるのです。

4 『笠地蔵』の「遊び」

さてさて、「遊び」の見直しが終わったところで、『笠地蔵』を開いてみましょう。この昔話にも、他と同様に様々なバリエーションがあります。が、どの話にもおじいさんとおばあさんの「遊び」と、心の「豊かさ」と「慈しみ」が認められます。

笠地蔵では、おじいさんとおばあさんは、「餅つきの真似でもしましょうかね」と言って、「ぺったんぺったん」やりました。餅を買うために出かけたおじいさんが手ぶらで帰ってきます。「それはよいことしましたね」と迎え入れるおばあさん。それから「お餅がないから、餅つきのまねをしましょう」と餅つきごっこが始まります。このごっこ遊びも、「なんでそんなことするの?」「そんなことしても、意味はないでしょう?」なんて、けげんに思ってしまうかもしれません。確かにそうなのですが、おじいさんたちは、この「遊び」ができてしまうんです。もちろん、まねごとでしかないこの「遊び」には、意味や理由などありません。ただ二人は遊んでいる。それだけ二人の心は豊かだったのです。

餅つきごっこではなく、取り替えっこをするバージョンもあるんですね。こちらでは、おじいさんは、おばあさんが作った髪飾りの玉を売りに出かけます。しかしまったく売れないまま夕暮れを迎えてしまいます。しょんぼりしていると、街で一人の男に声をかけられました。「私もまったく笠が売れなかった。あんたの飾り玉と取り替えよう」。そして二人は、お互いの売れ残りを交換します。もちろん、この行為にも意味などありません。ただ遊んで笑顔になるだけです。

さて、笠にしろ、髪飾りの玉にしろ、おじいさんとおばあさんの本業はこちらの製造にあるのではなく、農家です。しかし、雪が積もる貧しい山村に住んでいる二人には、長い暇な時期があります。

現代人は暇をいといますが、実は暇はとても大事なことなのです。「遊び」は暇においてこそできるものといえるでしょう。先ほど、現代人が忘れてしまったこととして「遊び」と「豊かさ」を挙げましたが、暇もその一つです。

おじいさんたちは、暇な間に身の回りの物を作り始めていたのでしょう。最初は売り物にしようなどという目的はなかったはずです。しかし、同じ物を作り続けていたら、どんどん上手になっていき、その結果、生活を支える副業になったのでしょう。

ところで、現代人が遠ざけてしまった暇ですが、これがいかに大事なことか、漢字自体が教えてくれます。白川静先生の『常用字解』を参照しましょう。

「暇」は「日」と「叚」が組み合わさってできています。「叚」について、白川先生は、「まだみがいていない原石ままのもの」と解説しています。これはつまり、「未知数のもの」であり、「遠い、大きい」などの意味を含んでいるようです。原石は、磨かなければ何ものになるかわかりません。およその見当がついたとしても、予定通りの石が出て来るかは、磨いてようやくわかります。

暇も同じです。暇は潰すものなどではありません。暇は「遊び」にとって絶好のタイミングなのです。「なにもするべきことがない」からこそ、自由なのです。自由ということは、発想も行為も創造も自由。原石である暇の使い方で、宝石になるか石くれになるかが決まります。思うぞんぶんに暇を活かして遊びましょう。ゲームソフトで「暇を潰す」なんて、もったいないですよね。

『笠地蔵』は「豊かさ」と「慈しみ」について教えてくれる格好の教材です。物質的な「豊かさ」は、心の「豊かさ」と同じではありません。物質的に貧しくても心は豊かになれますし、物質的に豊かであっても心が貧しくなっている人もたくさんいます。自他共にお金持ちと認める人たちにも、「慈しみ」のない人たちがたくさんいます。おじいさんは、笠をお地蔵さんたちにかぶせて帰ってきました。ということは、正月を過ごすために必要なものが買えなくなってしまったことを意味します。それでもおばあさんは、「よいことをしましたね」と笑いかけましたね。

お地蔵さんたちが恩返しにくれた物からも、「豊かさ」と「慈しみ」が見て取れます。お地蔵さんたちは、金銀財宝をプレゼントして、二人を大金持ちにすることもできたでしょう。しかし、お地蔵さんたちが持ってきたものは、お正月を楽しむためのご馳走でした。金銀財宝をお礼に持ってきてしまったら、もしかしたら、おじいさんたちは物質的な「豊かさ」に執着してしまって、心の「豊かさ」を失ってしまったかもしれませんよね。心の「豊かさ」をなくさない程度の贈り物、ささやかなご馳走が適当だったのです。そしてご馳走を楽しんだ後、二人はこれまでと同じような物質的には貧しい生活に戻っていったのです。これまで通りに農作業に励み、その合間に笠を編んだことでしょう。

もし、君が突然、大金や財宝をもらってしまったら、どうなると思いますか？　そのような運命に翻弄されてしまった人もいます。大金持ちになって独占欲に支配され、人が信じられなくなってしまった人もいます。仲よしだったはずなのに、お金を巡る家族ケンカが絶えなくなってしまった人もいます。彼らの日常からはすっかり遊びが消滅してしまったのです。悲しいことに、お金はあるけど心は貧しさに塗り尽くされて、「慈しみ」はすっかり消えてしまったのでしょうね。

5　豊かさと「廓然無聖」

「廓然無聖《かくねんむしょう》」という私たち禅僧が大切にする言葉があります。「廓然」とは「こだわらない心」を意味します。『笠地蔵』が教えてくれるのは貧富にこだわらない心ですね。おじいさんとおばあさんは、この廓然の境地を持っていました。だからこそおじいさんは笠をすっとお地蔵さんに渡すことができましたし、おばあさんもそのおじいさんの行為をすっと受け入れてしまいました。その廓然の心に対してお地蔵さんはごほうびをくれたのです。

ここでちょっとだけ、「廓然無聖」の説明をしておきましょう。

君もきっとよく知っている「だるまさんがころんだ」のだるまさん。お正月の縁起物としてだるまさんを購入して、家に飾っているかもしれませんね。そんなだるま大師は私たち禅宗の宗祖なのです。そのだるまさんがインドから中国にやって来たとき、帝に招かれて謁見しました。その帝は「仏心天子」とも呼ばれるほど、仏教に篤く帰依した皇帝だったのです。その帝がだるま大師に向かってこんなことを聞きました。

「私はこれほど仏教を保護している。そんな私にどんな功徳があるだろうか？」

だるま大師は答えます。「そんなものなどありません」

帝はちょっとがっかりして、さらに尋ねます。

「それなら仏法の最も崇高な真理はなんだろうか？」

だるま大師は答えます。

「廓然無聖」

私たち禅僧は、「廓然無聖」を「雲一つなくすっかりと晴れ渡った空のように、なんのとらわれもないこと」と教え伝えています。この帝は「崇高な真理」と形容することで、崇高ではないものを排除していたのです。そして、自分自身が「崇高である」ことにこだわってしまっていたのでしょう。だるま大師はそんな考え方を一刀両断するために、「廓然無聖」という返事をしたのでしょうね。だるまさんは「これは聖か？　あれは俗か？」という切り分けをしたがるこの帝の考え方を否定したのです。「聖俗」自体を否定したのではありません。「無聖」と書かれていると、「聖はない」と理解してしまいそうですが、ないのは「聖」だけではなく「俗」もないのです。これまた誤解が生まれてしまいそうですが、「聖俗がない」ということは、「聖」であってはダメとか「俗」であってはダメと言っているのではありません。すべては「聖」でもあるし、すべては「俗」でもあるのです。「聖か俗か？」にこだわる限り、心も考えも貧しくなってしまいます。それに応じて、世界も貧しくなってしまいます。

山や浜辺で遊ぶとき、私たちはそこにあるものをなんでも活用します。そこにあるものに聖も俗も、値段の高い低いもありません。

「なにもない」という、日常的にはマイナスとされる状況でも、なんとかしてしまうような力が君にも備わっているのです。

現代人は、マイナスの状況への免疫がとても弱くなってしまいました。だからこそますます、「ある」ばかりに意識が囚われてしまうのですが、これでは悪循環です。『笠地蔵』のおじいさんたちは自分で笠や飾り玉を作って生活をしていました。彼らには「あるものでなんとかなる」という心構えができていたのでしょうね。彼らは、マイナスの状況に抗い、なんとかしてプラスに転換しようとしていません。日々の貧しい暮らしを受け入れて、そこに遊んでいます。彼らの心の「豊かさ」がこの暮らしぶりによく表れていますね。

本来の「豊かさ」とは、経済的な「豊かさ」とは別次元のものなのです。

6 慈しみと「同事」

同じように「慈しみ」とは、お金をあげたり、慈善事業をしたりするだけのことではありません。「同事」という曹洞宗の開祖である道元さんの言葉があります。「相手の立場に立つこと」「相手と自分が同じであると考えること」を意味します。

石でできたお地蔵さん。そのお地蔵さんに、「寒かろうねぇ」なんて声をかけられるおじいさん。ですがいっぽうで、「ただの石じゃん！　石が寒さや暑さなんか感じるはずないじゃん！　感覚のない石に笠をかぶせて自分が寒い思いをするなんて損じゃん！」なんて、これまた至極合理的な意見もあるでしょう。

でもおじいさんは、お地蔵さんに寒さを感じるという人格を認めました、そして、お地蔵さんの寒さを自分も肩代わりをして、そして寒さを分け合いました。これが「同事」の教えなのです。

おじいさんは、普通に考えたら無意味なこと、バカバカしく見えることでも、行動に移してしまいました。これが本来の「慈しみ」、仏教が伝える慈悲心です。もちろんここにも、遊び心が発揮されていますよね。

自分が寒ければ笠で身を守る。これは自然なことです。雪や雨が降れば傘をさします。もし、君の前に傘がなく雪や雨に濡れそぼつ人がいたら、どんな気持ちになるでしょう？　なんとかしてあげたいと思うのではないでしょうか。おじいさんは、「お地蔵さまも寒かろう」と案じました。そして笠をかぶせてあげましたね。これが同事です。もちろん、おじいさんには先の帝のような、「施したから見返りはなんだ？」なんて勘定はありませんでした。ただお地蔵さんの寒さを自分も感じ取ってしまったのです。そして寒さをみんなで分け合ったのです。

7 「遊び」の感性

園外保育で自然の中にいくとき、私は毎回、子どもになにかを教えています。それは草花や虫の名前であったりします。「ナズナ」や「シロツメクサ」のようなよく知られている草花から、「ホトケノザ」のようなものまで。「シロツメクサ」と「レンゲ」の違いを観察するのも、遊びの時間になります。図鑑的にはシロツメクサは西洋原産、レンゲは中国原産。「四つ葉のクローバー」を知っていても、「シロツメクサ」を知らない子どもも、遊びを通して自然に名前も覚えていくでしょう。

ミツバチにもセイヨウミツバチと、在来種のニホンミツバチがいます。この2種の違いを見つけながら、ミツバチというハチに親しむことができます。もちろん、山野ではスズメバチのような危険な虫と出会ってしまうことも！　しかし出会いを通して、益虫と害虫の区別もちゃんとできるようになります。

なによりも、慌ただしい日常では見逃してしまうような存在、教科書には載らないような存在にも、雑木や雑草や雑魚たちにもちゃんと名前があることを知ることで、自然の「豊かさ」と「慈しみ」を実感できるのです。嫌がられることの多いセミの声だって、ただの騒音ではないですよね。「一寸の虫にも五分の魂」という慣用句があります。小さくて弱い存在に宿る、大切な命。それを言葉だけで暗記し理解するのではなく、心から感じ取ることができたらよいですね。君自身が「豊かさ」と「慈しみ」の存在そのものなのです。

坐禅をしたことがありますか？　坐禅はなにもないままするものです。なにもないままにするから自由な遊びにもなるのです。そして、坐禅をしていると、自然と自分が一体化する感覚になります。普段、自分の感覚がいかに鈍くなっているかに気づかされます。私たちの感覚には、鳥の声、風の音、線香や花の香りも届いているはずなのに、それらを感知することを忙しさが阻んでいるのでしょうね。

臨済宗の寺院では「作務《さむ》」を重視します。作務とは、掃除や畑仕事などの生活に欠かせない労務をすることです。自分たちの身体で作務をしていきます。作務には畑仕事や樹木の世話などの土と親しむ仕事もあります。君は土に触れていますか？　現代は生活から土がなくなりつつあります。土はよいですよ。土に触れていると、自分に備わっている感覚の鋭さにきっと驚かされるでしょう。

自然と一体となることで、自分がいかに小さく弱い存在、「一寸の存在」であるかということに気づかされます。同時に、自然の「豊かさ」と「慈しみ」に浸ることで、自分自身に秘められた「豊かさ」と「慈しみ」にも気づかされるのです。

8 子どもたちへ

さて、これから君はどんな「遊び」をするでしょうか？

まずは、退屈をちゃんと感じてみましょう。毎日毎時慌ただしく、分刻みで勉強や仕事に励むことが美徳とする考えもあるでしょう。しかし、ここまで便利さが生活の隅々まで浸透してしまうと、むしろ暇な時間を見つけるほうが難しくなってしまったと思います。ですから、全ての時間を用事で埋め尽くそうとせず、ちゃんと暇を作るようにしてみませんか？

そのために私が推奨するアクションは、なにもないところに出かけてしまうことです。休日には、家族で山や川や海に行ってみませんか？　できるだけ設備が整っていないところを選んでみましょう。現代の子どもたちは、勉強にゲームにスポーツに、なにかにつけて用意されていることに慣れてしまっています。用意されていることに慣れきってしまうと、体の感覚が鈍くなっていきます。道を歩くのだって、舗装されていない道は歩けなくなってしまいます。山や川や海に行ったら、体を使って遊んでみましょう。なにもないから遊べるのです。「遊び」も無限に生まれます。その場で君だけの「遊び」を作り出してしまえばよいのです。

なにもないところからなにかを生み出すなんて、素晴らしいことじゃないですか！ 創造はお金で買えることではありません。どれだけ高額なゲーム機器を持っていても、君の創造が発揮されないのでは残念です。どうぞ遊んでください。成果や評価など気にせずに、思うぞんぶん、遊んでください。創造性は決して特別な才能ではなく、だれもが授けられていることなのです。でも、成果や効率によって追いかけられているから、その才能が芽吹くことなく、隠れてしまっているのです。

自然の中にいなければ遊べないわけではありません。日本伝統の「遊び」をもう一度見直してみましょう。手先を使う「遊び」がたくさんありますよね。折り紙が好例です。君は紙飛行機を作ったことがありますか？ とても奥が深いです。『笠地蔵』のおじいさんたちは、暇を活かした副業を通して創造する力を高めていきました。同じように、折り紙のような創作の「遊び」を通して、君の創造力も開花していくと思います。

自然は「豊かさ」と「慈しみ」に満ちています。そして君には、そんな「豊かさ」と「慈しみ」を活かせる力が備わっているのです。その力を信じてくださいね。

おわりに

いつごろだったのだろう。今はやりのＳＮＳで出会い……。以来、親交が深まり、いつか直接会ってみたいと思っていると、それはすぐにやってきた。大本山妙心寺の駐車場でばったりと。「あの方は大竹さん？」遠くから眺めていたが、声はかけられない。後で聞くと彼もそうだったという。目と目が合ってはじめて声をかけてみた。キザなハットにダブルのスーツ、一見、近寄りがたいが笑顔がたまらなく良い。私の大好きな人柄だと一瞬でうかがえる。

彼は、東大の医学部に入学したが、大切な人の死に出会い挫折し東大をやめてしまう。が、また大切な人の死に出会い、再び東大に入学する。東大に2回、合格した猛者である。

彼の生きざまは、成功が挫折であり、挫折が成功であったと垣間見えるほどの波乱に満ちた人生だ。彼は私にいう。「決して回り道はしていない」と。彼にとっての苦しみや辛さが、かえって挫折という回り道が成功を呼びこんだと思えた。

大竹氏が子どもが大好きなことは人柄でよくわかる。

哲学の専門書を出版しながらも、その裏では子ども向けに「夏休みの感想文の書き方」なんて出版するくらいだから。「ああ、彼の感性って良いな」と私自身の心をくすぐりながら、彼に惹かれていく。

今回の、この「知的くすぐり感冴えて」もそうだ。日本の昔話を題材にして、新たな感性を生み出したいと願ったのであろうか。

本編では禅僧友人にインタビューしながら書き上げていく……。ときには、世間の常識とはかけ離れた禅の話を、彼の手腕によって納得させるほどの表現能力によって。

禅は常識とはかけ離れていると伝えたが、禅僧の言葉をうまく表現したのは彼の知性からくるものではない。彼の苦しみから得た、鋭い感性によるものだ。それが、彼の言葉というツールによって表現されたのだろう。

感性というのは、子どもたち特有の直感的に感じる心の仕組みと聞いたことがある。いわゆる「驚き」ということであろう。岡本太郎が言ったように、心の爆発である。

それはときには非常識なことでもある。例えば、目で聞いて、耳で見るものだといった類である。本来、目は見るもの、耳は聞くものであり、それが当たり前である。ただその先に感性というものが生まれる。目で見て見尽くしたときに、目でモノを聞くことができる。耳もしかりである。

日本の昔話には、「正義は勝つ・頑張れば対価を得る・怠ければ失敗する」という教訓めいた設定もある。が、それだけでよいのだろうか。現代は、正義も負けることもあるし、頑張っても結果につながらないこともある。なんにもしなくても成功するときもある。理不尽と思うことだってある。私たちが考えていた常識が常識でなくなる。ひっくり返った人生になることだってある。と思えば、目で聞いて、耳で見てもおかしくなない。

実は、大竹氏はそのような世相をしっかり冷静に見抜いている。「なら、どうしたらよいのか？更には、現代の教育のあり方に、少しでも一石を投じるにはどうしたらよいのか」と常に考えていたに違いない。

結果、古くから伝わる日本の昔話を、あらためてひっくり返してみたいと思ったのが、大竹氏であった。ひっくり返してみたら……。ひっくり返った生き方もすべて正しいと見えたのか。先に、彼が経験した「挫折が成功。成功が挫折」したことと同じだ。だれもが知っている昔話に焦点をあてた彼の感性にも驚かされた。

納得の一冊だ。仏教書や宗教書はなかなか売れない昨今、大竹氏の力を借りて禅僧の思いが、たくさんの人に伝わればこれほどうれしいことはない。

改めて、大竹稽氏に天地一杯の感謝を致します。ありがとうございました。

臨済宗妙心寺派布教師会会長
愛媛伝宗寺住職　多田曹渓

執筆者紹介（執筆順、宗派は臨済宗）

建仁寺派両足院	京都府京都市東山区小松町	伊藤東凌［第1章］
妙心寺派耕雲院	愛知県一宮市大和町	服部雅昭［第2章］
建長寺派能満寺	神奈川県伊勢原市三ノ宮	松本隆行［第3章］
妙心寺派伝宗寺	愛媛県西宇和郡伊方町	多田曹渓［第4章］
相国寺派養源院	京都府京都市上京区相国寺門前町	平塚景山［第5章］
南禅寺派正的院	京都府京都市左京区南禅寺福地町	大森良純［第6章］
円覚寺派正福寺	神奈川県横浜市戸塚区上矢部町	松原行樹［第7章］
大徳寺派大慈院	京都府京都市北区紫野大徳寺町	戸田惺山［第8章］
方広寺派瑞雲寺	静岡県浜松市中央区佐藤	梶浦邦康［第9章］

編著者紹介

大竹　稽（おおたけ　けい）

哲学者、教育者。一般社団法人こども禅大学代表理事。

1970年愛知県生まれ、旭丘高校出身。東大理系、文系と、二度やめ、哲学の道に進む。

著書に『ツッコミ！　日本むかし話』（自由国民社、2022年)、『哲学者に学ぶ問題解決のための視点のカタログ』（ボウブックス、2021年）など。編訳書に『超訳モンテーニュ 中庸の教え』（ディスカヴァー・トゥエンティワン、2019年）など。僧侶と共同で作った本として『一寸法師先生！　出番です』（あいり出版、2024年）など。

知的くすぐり　感冴えて

2025年1月30日　初版第1刷発行

＊定価はカバーに表示してあります

編著者　大竹　稽 ©
発行者　萩原淳平
印刷者　藤森英夫

発行所　株式会社　晃洋書房
〒615-0026　京都市右京区西院北矢掛町7番地
電話　075-(312)-0788番(代)
振替口座　01040-6-32280

装丁　中埣梨恵
組版　（株）金木犀舎
印刷・製本　亜細亜印刷（株）

ISBN978-4-7710-3909-4